Aidas Bareikis

Aidas Bareikis

Essay by Rachel Kushner

Leo Koenig Inc.

New York 2003

Photography: Tom Powel, New York. Translation: Aušra Karsokienć; Design: Silke Fahnert, Uwe Koch, Cologne.
Lithography: Farbanalyse, Cologne; Production: Zimmermann GmbH, Cologne   ISBN 3-88375-710-1

… ruthless, rhapsodic novel "Oman Ra," the protagonist, Omon, who dreams of becoming a Russian cosmonaut, is selected for a solo, one-way flight to the dark side of the moon. His rigorous training involves crawling down a long hallway in a tight, uncomfortable gas mask, and riding a bicycle-powered moonwalker with grease-blurred spy holes and pedal brakes. The mission means certain death, and just as Omon completes his duties on what he thinks is the surface of the moon and is preparing to jettison himself into black and glittering eternity, he discovers that he's never left the ground, that the entire Soviet space program was faked. Pelevin's novel was marketed as satire, yet what seems a parody of collective participation in the Soviet myth and space program protocol is also a story about the horrors of coming of age in a frightening and inexplicable world.

In a similarly dark and absurdist vein, Lithuanian artist Aidas Bareikis's installation *Silence Before the Curve* (2000) makes a mess (and mockery) of space exploration, while suggesting the dystopia of life—this one—gone awry. Bareikis has assembled a prodigious wasteland of objets trouvés, evoking toxic spills and technological ineptitude: Air conditioning duct, plastic capsules, a motorcycle chassis, rubbery sci-fi masks, and other archeological relics of the now are battered and distressed, crinkled with aluminum foil, doused in Latex, white house paint, opalescent urethane, salt, acid, and spray-foam, and then scurfed with a crude wedding veil of beaded wax.

Although scattering and defilement are primary forces at work, the sprawl has a certain unity, arrived at through color uniformities and a democratic degeneration of components resulting from a punishing regiment of slashing, melting, coating, splattering and burning, among other less readily apparent methods of destruction. The chromatic themes are a niveal white, evoking purity, the silence of the afterlife, pigeon guano; silverfoil, a cheap and universal signifier of the future (and of futures past); and iridescence, whose disorienting halations give visual pulse to the lake of heterogeneous waste. The overall effect is, if not exactly beauty, then the sort of lovely look of gasoline on rainwater, of things destroyed and then stalled *in medias res*, of elegant decay.

Sharing the room with *Silence Before the Curve* was a sheet metal, foil and deli tray reconstruction of a wrecked automobile inspired by a 1930s forensics photo (*Untitled*, 2001). A man's suit floats behind the steering wheel, his head on the floor nearby. Faintly evocative of Kienholz's tableaux, Bareikis's piece seems to function as a visual koan informing its sprawling neighbor. Constructed of crushable components, from one angle it looks like shiny, biomorphic sculpture; from another, a gruesome beheading. It stands out as the only discernable narrative in the room, yet its theme is none other than accidents, and their destructive and unpredictable results.

The title *Silence Before the Curve* was taken from the lyrics of a Joy Division song, and although the emotional registers of Bareikis's post-apocalyptic hum and Ian Curtis's trademark gallows comfort are not completely dissimilar, Bareikis's employment of title seems less about source than it is about the words themselves: silence as the instant before the onset of trauma. Applied to his quasi-lunar tableau, it could imply a moment of calm before an astronaut is cut off from the ship and ejected into deep space; or that fleeting eclipse of clarity (referred to as "aura") that overtakes certain epileptics just before the onset of grand mal seizure.

Ultimately, Bareikis's cultural detritus slides off of any specific interpretive grids just as it announces itself from beneath obfuscating layers of crud, no longer identifiable post-consumer objects per se, but more or less anonymous groupings subsumed into a heavily aestheticized form. This handling of materials functions to complicate without eradicating overt sociological readings, and it's possible there are allusions here to the chaos and dissolution of post-Soviet life. Yet the cacophony has no single strong note—neither Baltic suffering, apocalypse, the hazards of materialism, farcical rocket science à la "Oman Ra," nor even entropy. While bits and facets of objects remain discernable in flashes, their frayed meanings jostling one another, the equally devolved state of things keeps any one referent from rising to the fore. The result is as if a fog of inscrutability hovers over the piece.

Three earlier works, scaled down versions of the more recent epic shambles, were exhibited simultaneously with *Silence*, in a spectral arrangement from red to yellow to blue. The red piece, a three-dimensional extrapolation of Watteau's *Embarkation for Cythera* transforms the celebrated court painter's finessed dollops into chunks of melted Styrofoam, painterly strokes into peristaltic profusion, shimmering light and grandiloquence into, essentially, entrails: an aggression and otherness, Bareikis seems to suggest, that lurked unsummoned in Watteau's Rococo-choked canvas, signifiers of revolution and other human phantasmagoria to come. The yellow piece, concerning Bareikis's conscription in the early 1990s to fight the Soviet war in Afghanistan, seems a fitting tableau for themes of scourge, sand storms and death. His blue piece, with objects rendered from Styrofoam reacting with acetone, a bird in vivid, electric blue, and tabletop hockey figurines in a tray of runneled paint, has a poetic quality that's reminiscent of Bruce Conner's early assemblages.

Although Jason Rhoades has been mentioned in comparison to Bareikis, the two seem linked in only a peripheral way, via the act of assemblage. Rhoades, with his hodge-podge IKEA'n'cardboard repertoire, exploits the ambiguity between the incidental and deliberate. Bareikis layers and encrusts each object, creating detailed, detachable modules in expanding and contracting compositions of assimilated cultural residue—works that seem closer to Franz West's in their shambling, ad-hoc improvisation, their use of tattered papier-mâché, prosthetic limbs and Dada-esque logic. Critics have invoked scatter art as well as other practitioners of homespun assemblage such as (absurdly) Sarah Sze; but to group Bareikis by category of form—or even content—seems a grave mistake; his very production collapses a distinction between the two. More useful in illuminating this artist's congealed maelstroms are Georges Baitaille's notions of the *informe*, or formless.

A key example of artwork that resists form, given by Yves-Alain Bois and Rosalind Krauss in their study, "Formless: A User's Guide," is Lucio Fontana's *Ceramica spaziale* (1949). Fontana's piece is a cubic chunk of burned, blackened matter that fits Bataille's notion of base materialism: It points toward a cleaving from ideals, ontology, and forms of meaning; it is meant to resemble nothing, implying solely deviant waste (deviant because society constantly, through the pull of homogeneity, tries to reconstitute and re-habilitate such waste). Fontana's contemporary Alberto Burri turned to plastic and began burning it, commenting on its myth as the idealized material of postwar reconstruction by transforming it to the condition of refuse. In the 1960s, Piero Manzoni coated his Achromes—conglomerations of cloth, pebbles, bread rolls—exclusively with toxic industrial products such as Styrofoam or glass wool, producing resultant matter that was, like Burri's, essentially inassimilable refuse (aside from its objecthood as art, of course). By comparison, Bareikis's spoiled troves are not just waste, but a veritable waste*land* of such transformations, matter altered through the employment of toxic materials to resemble nothing so much as un-rehabi-litated trash. Tendrils of residual meaning pop up here and there but float in an alchemical proliferation that, in sum, resists adherence to a meaning-ful whole. That Burri relied on the discernable connotations of his plastic is a significant contrast with Bareikis's strategies. While Burri was geared toward a certain kind of didactic reduction, Bareikis's materials are not strictly beholden to any of their pre-existing implications; they invite a plethora of referents, the sheer accumulation of which facilitates an ex-pansive process of interpretation.

Another signifier of the formless at work is Bareikis's disorienting use of light—prismatic surfaces that produce a luminous scattering, preventing an effective visual cohesion and forcing a temporal quality on the sprawl: The de-centering impedes an instantaneous read. The artist's use of the floor is a lowering reminder that we may be bipedal but our feet are still in the dirt. His strategy of drenching objects in melted wax is suggestive of entropy, bringing to mind Bataille's example of Icarus, who flew too close to the sun, naïve to its base properties, to heat as menacing and virulent. "Melting," as Yves-Alain Bois has said, "is an entropic process *par excellence.*" When I visited Bareikis in his Brooklyn studio, he presented a congealed slab of recently melted plastic dinosaur heads. His comment: "I grilled them." Turning over the slab, he revealed the problem with the method: The reverse side was charred black. A melting that hid its traces would have been preferred, as irreversibility is more effective as an entropic operation if the methods of alteration remain a mystery.

On that same visit, I peeked at an assemblage in its nascent stage. Clowns, monster heads, a lurid red ski mask on a carrot-nosed figure were strewn on the floor, stretched over distended balloons (the concept: their deflate- and re-inflatability would be practical for shipping container transport to a show in Vilnius for which Bareikis was preparing). Colors—red and yellow, conjuring carnivals, children's toys, Chinese new year, but then again blood, pus, and other interstitial ooze, were ribboned through the morass as if mixed into the sticky wad on a taffy-stretching wheel, tints split and runneled in thin, random veins. The theme "Terrorism" the artist stated with a half-facetious grin. The visual effect was in a sense the flip side of Andreas Gursky's digitally enhanced .99 cent store: Candy and toys not gleaming and timeless, evoking a sort of Wal-Mart sublime, but looking as if they'd been shot through a linear accelerator, objects that had endured a ravaged and war-torn post-shelf life.

Although the new project was of unique components, strategies from Bareikis's other pieces remained at work. Consistently, traces of meaning-making mechanisms range from personal anecdote supplied by the artist, art historical references and the poetics of titles, to the sociological connotations of technology, the future, and trash. But these things—manifested as intimations of a post-apocalyptic condition, chaos, the slippery idea of formlessness, and less abstractly, sci-fi tropes, post-Soviet mayhem, war, Rococo, and the bedlam of consumerism—bob up, are drowned out by their own unstable, self-negating structure, and then once again resurface. Overall, there is fluidity from assemblage to assemblage, if only in the contradiction of fractured, almost schizophrenic barrages of meaning somehow warped into chromatic unity. But amidst the mess, such contradictions are tidily mirrored by our own: what is anxiety inducing also manages to entrance.

... Viktoro Pelevino romano "Omonas Ra" herojus Omonas, svajojantis tapti Rusijos kosmonautu, pasirenkamas vienui vienas atlikti skrydį į tamsiąją ménulio pusę be kelio atgal. Per žiaurias treniruotes jis su dusinančia dujokauke šliaužia ilgu koridoriumi, mina Ménulio vaikštynés su riebiomis apnašomis aptekusiais langeliais ir koja spaudžiamais stabdžiais pedalus. Jo misija reiškia tikrą mirtį, ir Omonas, atlikęs visas jam paskirtas prievoles menamame ménulio paviršiuje, jau ruošiasi išmesti save už borto į juodą žérinčą amžinybę, tik staiga jam paaiškéja, kad jis né nebuvo atsipléšęs nuo žemés, kad sovietų kosmoso užkariavimo programa žlugo. Pelevino romanas buvo pavadintas satyra, bet tai, kas atrodo kolektyvinés sovietinių mitų kūrybos ir kosminés programos protokolo parodija, kartu yra pasakojimas apie artéjančių naujų laikų, gyvenimo gąsdinančiame, nepaaiškinamame pasaulyje keliamą siaubą.

Panašiu juodu absurdistiniu stiliumi Lietuvos menininkas Aidas Bareikis instaliacijoje *Tyla prieš posūkį* (2000) kosmoso erdvés tyrinéjimus paverčia maišatimi, netvarka (ir pajuokos objektu), rodančia, kad gyvenimo distopija baigiasi išsigimimu. Bareikis, déliodamas 'objets trouves,' sukuria įstabią dykvietę, į kurią žvelgdamas nejučia prisimeni kenksmingų atliekų antplūdį ir technologinį nemokšiškumą: oro kondicionieriaus vamzdis, plastikinés kapsulés, motociklo važiuoklé, guminés fantastinių būtybių kaukés ir kitas dabarties archeologinis palikimas apgailétinai suminkytas, apsuktas aliuminio folija, apipiltas lateksu, baltais sienų dažais, vaivorykštés spalvų uretanu, druska, rūgštimi, apipurkštas putomis, o visa tai tarsi nuotakos šydas gaubia vaško apnašas.

Nors ardymas ir niokojimas yra pirminé šio darbo varomoji jéga, tačiau išdrabstyti daiktai sudaro tam tikrą vienovę, kurią lemia spalvinis vienalytiškumas ir demokratiška komponentų degeneracija, sukelta represyviais veiksmais – daužant, lydant, tepliojant, aptaškant ir deginant – bei ne tokiais akivaizdžiais destrukcijos metodais. Chromatinés temos yra sniego baltumas, keliantis asociacijas su tyrumu, pomirtine tyla bei

karvelių guano, sidabrinis folijos blizgesys, pigus ir universalus ateities
(arba jau praėjusios ateities) signifikantas, ir vaivorykštiniai raibuliai, kurių
klaidinantis mirgėjimas sukuria optinę įvairios kilmės atmatų balos iliuziją.
Bendras įspūdis yra galbūt ne grožis tiesiogine prasme, bet žavesys, kuriuo
užburia baloje plūduriuojančos benzino dėmés, išardyti ir vėl į grūstis
surinkti daiktai, elegantiškas irimo vaizdas.

Tylos prieš posūkį kaimynystėje įkurdintas iš metalo lakštų, folijos
ir aliuminio taros rekonstruotas sudaužytas automobilis, kurį atkurti
įkvépė 4-ojo dešimtmečio teismo nuotrauka (Be pavadinimo, 2001).
Prie vairo styro vyriškas kostiumas, šalimais ant grindų métosi galva.
Kienholzo tableaux šiek tiek primenantis Bareikio darbas, regis, funkcio-
nuoja kaip vizualinié formulé savo išsiskleidusiam kaimynui. Sukonstruo-
tas iš trapių komponentų, iš vieno šono jis atrodo kaip žvilganti biomorfiné
skulptūra, iš kito šiurpina nutrauktos galvos vaizdu. šioje erdvéje tai
vienintelis išsiskiriantis naratyvas, akivaizdu, jo tema apsiriboja būtent
avarijomis ir destruktyviais bei nenuspėjamais jų padariniais.

Pavadinimas Tyla prieš posūkį paimtas iš "Joy Division" dainos teksto, ir
nors Bareikio apokaliptinio gaudesio emocinis registras ne visai svetimas
firminiam guodžiančiam Iano Curtis'o pakaruokliškam humorui, Bareikio
darbo pavadinimas pasirinktas ne tiek dél šaltinio, kiek dél pačių žodžių:
tyla kaip akimirka prieš pat užgriūvant traumai. Pritaikyti kvaziménuliš-
kam tableau, šie žodžiai leidžia numanyti ramybés akimirką prieš astro-
nauto atsiskyrimą nuo laivo ir katapultavimąsi į kosminę erdvę arba
žaibišką sąmonės nušvitimą (tarytum aurą), kuris ištinka kai kuriuos
epileptikus prieš pat grand mal priepuolį.

Galų gale Bareikio kultūros griuvésiai išslysta iš visų interpretacijų
rémų – jie tiesiog skelbia apie savo buvimą iš po šlamšto makalynés klodų,
vartotojų rankose neatpažįstamai pakitusių objektų per se, kurių daugiau
ar mažiau anonimiškos sankaupos sudaro itin estetizuotą formą. Tokio
elgesio su medžiaga tikslas – komplikuoti atvirus sociologinius aiškinimus,

nesistengiant tiesiogiai jų eliminuoti, o galbūt tai yra aliuzija į posovietinio gyvenimo chaosą ir nuosmukį. Šioje kakofonijoje neišsiskiria jokia aiškesné gaida – nei Baltijos šalių kančios, nei apokaliptinés nuotaikos, nei sumaterialéjimo spąstai, nei farsinis raketų mokslas a la "Omonas Ra", nei pagaliau entropija. Nors kartkartém galima atpažinti objektų skeveldras, įžiūréti briaunas, bet išblukusios jų reikšmés grumdosi tarpusavyje, vienodas daiktų būvis neleidžia aiškiau prasikišti né vienai referencijai. Rezultatas – virš darbo tvyranti nesuprantamybés migla.

Kartu su *Tyla* buvo demonstruojami trys ankstesni darbai, tarsi sumažintos vélesnių episkų maišalynių versijos, spektro spalvų tvarka išdéstytos nuo raudonos ir geltonos iki mélynos. Raudonasis darbas – trimaté Watteau *Išvykimo į Kiteros salą* ekstrapoliacija. Čia rafinuoti smulkūs dvaro dailininko potépiai transformuoti į lydyto polistirolo sluoksnius, stambesni brūkšniai – į peristaltinį apstumą, šviesos žaismas ir pompastiškas šventiškumas – į, galiausiai, kažką panašaus į išvirtusius vidurius: Bareikis tartum teigia, kad Watteau drobése glūdinti rokokiškai užgniaužta, nejudinama agresija ir susvetiméjimas žymi artéjančią revoliuciją ir kitas žmonijos fantasmagorijas. Geltonasis darbas susijęs su 20-ojo dešimtmečio pradžioje autoriaus gautu šaukimu į sovietų karą prieš Afganistaną ir yra deramas tableau karo rykštés, smélio audrų ir mirties temai. Mélynasis darbas – objektai iš acetonu apdoroto polistirolo, akį veriančios elektrinés spalvos paukštis ir žaislinés ledo ritulininkų figūrélés dažų pripiltoje déžéje – yra poetinés prigimties: tai ankstyvųjų Bruce'o Connerio asambliažų reminiscencija.

Nors Bareikis neretai lyginamas su Jasonu Rhoadesu, jiedu, regis, sietini tik periferiniu aspektu – asambliažo kaip akto atžvilgiu. Rhoadesas su savo IKEA kartono šiupinių repertuaru yra susitelkęs į atsitiktinių ir sąmoningai apgalvotų veiksmų dviprasmiškumą. Bareikis sluoksniais deda ir apnašomis aptraukia kiekvieną objektą ir iš pavienių detalių kuria surenkamų konstrukcijų elementus, iš kurių délioja išpléstines ar sutrauktines

asimiliuotų kultūros likučių kompozicijas – šie darbai su savo viską
jaukiančia ad hoc improvizacija, papjé mašé skutais, galūnių protezais ir
dadaistine logika artimesni Franzui Westui. Kritikai yra nurodę ir scatter
art bei kitus naminés gamybos asambliažų praktikuotojus, tokius kaip
(absurdiškai) Sarah Sze, tačiau priskirti Bareikį kuriai nors grupei pagal
formos ar net turinio kategorijas, matyt, būtų didelé klaida – jo darbuose
visiškai išnykęs skirtumas tarp šių dviejų dalykų. Méginant apibūdinti
sustingusius jo sūkurius turbūt labiausiai praverstų Georges'o Bataille'o
pastabos apie informe, arba beformiškumą.

Kaip būdingiausias meno kūrinio, nepasiduodančio formos traukai,
pavyzdys Yves'o Alaino Bois ir Rosalind Kraus studijoje "Beformiškumas:
vartotojo žinynas" (Formless: A User's Guide) pateikiama Lucio Fontanos
Erdviné keramika (Ceramica spaziale). Fontanos darbas – tai kubinis
sudegusios medžiagos gabalas, kuriam taikoma Bataille'o pastaba apie
pirminį materializmą: nes jis liudija bégimą nuo idealų, ontologijos,
prasminių formų; jo paskirtis – būti į nieką nepanašiam, turint mintyje vien
tik iškrypéliškas atliekas (iškrypéliškas todél, kad visuomené, pasiduo-
dama vienodumo potraukiui, mégina šias atliekas atkurti, rekonstruoti).
Fontanos amžininkas Alberto Burri peréjo prie plastiko ir émé jį deginti,
taip komentuodamas mitą apie plastiką kaip idealią atsigaunančios
pokario gamybos medžiagą, transformuodamas jį iki šiukšlés būvio.
7-ajame dešimtmetyje Piero Manzoni savo "Achromes" – audinio, žvirgždo
ir duonos gumuliukų konglomeracijas – padengdavo išimtinai kenks-
mingais pramonés produktais, tokiais kaip polistirolas ar stiklo vata,
galų gale sukurdamas medžiagą, kuri, kaip ir Burri atveju, iš esmés yra
perdirbti nebetinkama šiukšlé (žinoma, neskaitant jos buvimo meniniu
objektu). Priešingai, Bareikio surinktas turtas yra ne vien tik atliekos, bet
ir tikra tokių transformacijų dykvieté, kur panaudojant kenksmingas
medžiagas daiktai permainomi ir paveržiami nebeperdirbamu šlamštu.
Šen bei ten prasikala prasmés daigai, bet juos užgožia alcheminé

proliferacija, kuri padeda sulaužyti ištikimybę prasmingai visumai. Aiškiai matomos konotacijos, kuriomis pasikliovė Burri kurdamas savo plastiko darbus, sudaro akivaizdų kontrastą Bareikio strategijai. Burri buvo įsisukęs į tam tikrą didaktinę redukciją, tuo tarpu Bareikio medžiagos beveik nieko neskolingos ligtolinei savo egzistencijai ir néra iš jos paveldėjusios jokių prasmių; jis prisišaukia aibę referencijų, kurių perregimi telkiniai palengvina ekspansyvų interpretacijos procesą.

Dar vienas beformiškumo požymis Bareikio darbuose – dezorientuojanti šviesa. Jis naudoja prizmés pavidalo paviršius, kurie suplėšo vaizdą, neleidžia aprépti vizualinés visumos ir maišalynei prievarta suteikia laikinumo kategoriją: iščentravimas kliudo vienu žvilgsniu perskaityti vaizdą. Tai, kad menininkas savo darbams panaudoja grindis, yra žeminantis priminimas, kad mes gal ir dvikojai, bet mūsų kojos vis dar braidžioja po purvą. Jo sumanymas aplaistyti daiktus lydytu vašku yra entropijos užuomina, jei prisiminsime Bataille'o pateiktą Ikaro pavyzdį: jis skrisdamas pernelyg priartéjo prie saulés, kurios svilinantys spinduliai buvo pražūtingi gyvybiškai būtinam jo rekvizitui. Yves'as Alainas Bois yra pasakęs: "Lydymas yra entropijos procesas par exellence." Kai apsilankiau Bareikio studijoje Brukline, jis parodé sustingusį lydytų plastikinių dinozaurų galvų luitą. Komentaras: "Aš jas iškepiau." Apvertęs luitą, jis atskleidé metodo problemą: kita pusé buvo suanglėjusi iki juodumo. Linkstama paslépti lydymo pédsakus, nes negrįžtamumas yra efektyvesné entropiné operacija, jei permainymo metodas lieka paslaptis.

Per tą patį apsilankymą paémiau į rankas dar tik pradétą asambliažą. Klounai, pabaisų galvos, šiurpi raudona kauké, užmauta ant figūros morkos nosimi, métési ant grindų tarp pripūstų balionų (idéja: galimybé juos pripūsti ir išleisti orą bus praktiškai panaudota transportuojant darbą parodai Vilniuje, kuriai ruošési Bareikis). Spalvos – raudona ir geltona, verčiančios įsivaizduoti karnavalą, vaikiškus žaislus, kinų naujuosius metus, bet kartu ir kraują, pūlius, atrodé tarsi į tąsų gniutulą susukta saldainių masė, o ploni spalvų siūleliai raizgési kaip pakliūva. Tema "Terorizmas" – pusiau pašaipiai konstatavo menininkas. Vizualinis įspūdis – lyg ir išvirkščia Andreaso Gursky skaitmeniškai padidintos smulkmenų krautuvés pusé: sadainiai ir žaislai – ne blizgantys ir nesenstantys, primenantis supermarketo rojaus idéją, o tarsi iššauti pro greitintuvo vamzdį ir atlaikę baisiau nei karas niokojantį gyvenimą pasibaigus galiojimo terminui.

Nors naujasis projektas susideda iš unikalių komponentų, išliko ankstesnių Bareikio darbų meniné strategija. Ir toliau prasmés kūrimo mechanizmas svyruoja nuo menininko papasakoto anekdoto, nuorodų į meno istoriją bei pavadinimų poezijos iki sociologinių konotacijų, susijusių su technologija, ateities ir atliekų keliamomis problemomis. Bet šie dalykai – užuominos apie postapokaliptinį būvį, chaosą, slidi mintis apie beformiškumą ir ne tokie abstraktūs fantastikos tropai, posovietiné suiruté, karas, rokoko ir vartotojiškumo beprotnamis – vos iškilę į paviršių tuoj pat nugrimzta dél nestabilios, save pačią neigiančios struktūros, paskui vél trumpam išnyra. Apskritai iš asambliažo į asambliažą srovena tam tikra tékmé, nebent jai tenka susidurti su aplūžusiomis, beveik šizofreniškomis prasminémis užtvaromis, kažkokiu iškreiptu būdu paverstomis chromatine vienove. Tačiau tarp visų tų šiukšlių šiuos prieššstaravimus tiksliai atspindime mes patys: tai, kas kelia nerimą, gali sukelti ir ekstazę.

2002. Mixed media installation. **Glad to hear from you**
Center for Contemporary Art, Vilnius, Lithuania

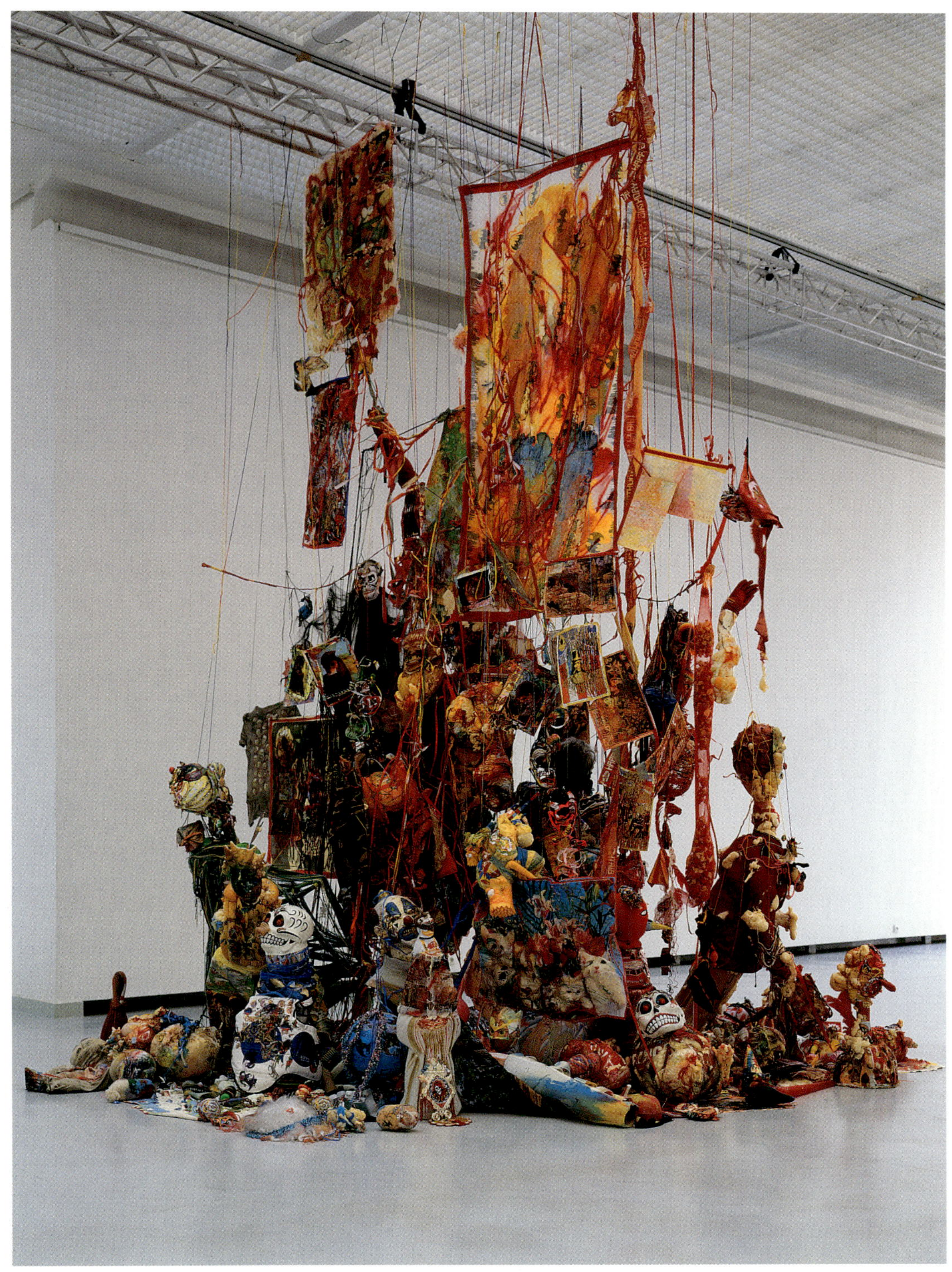

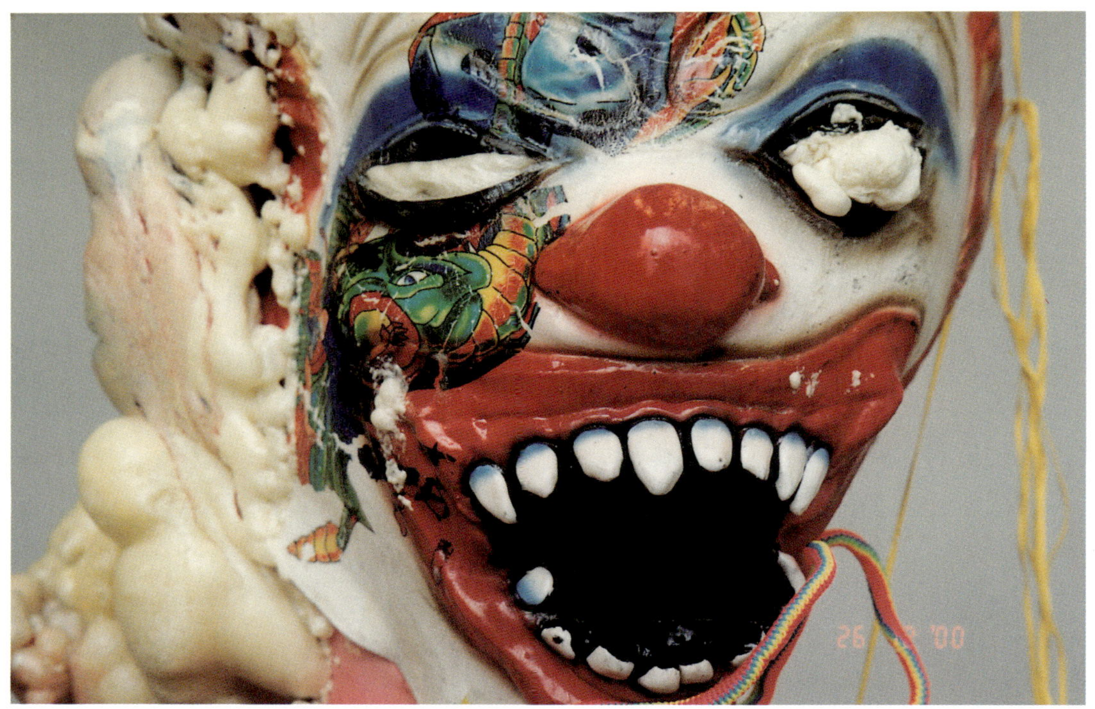

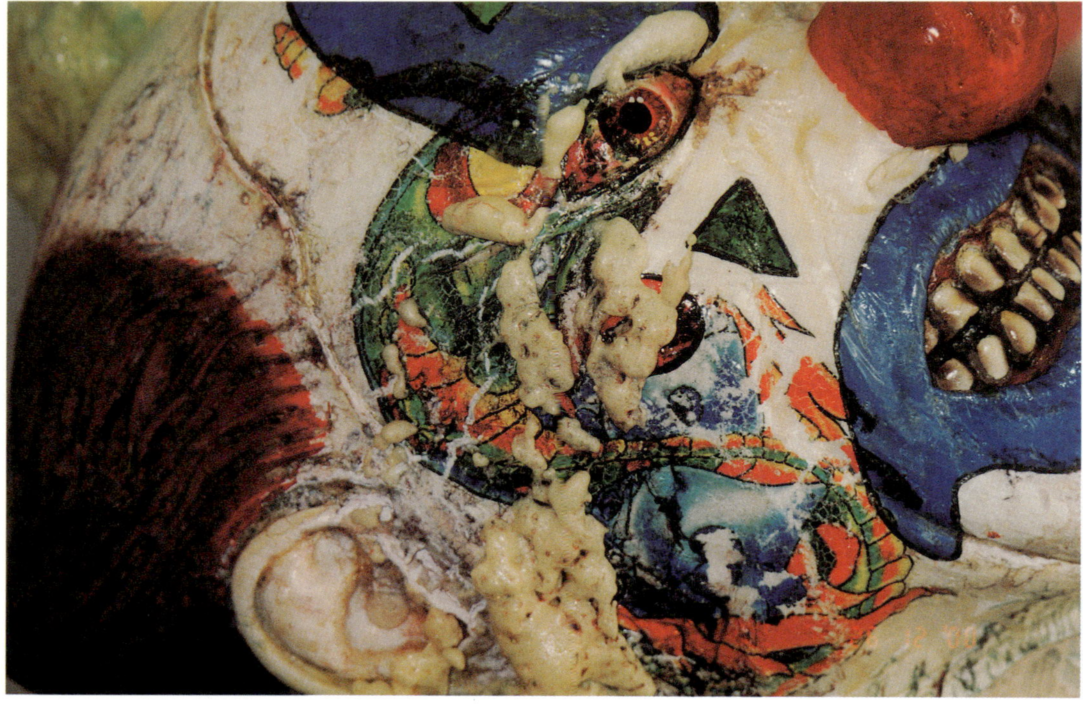

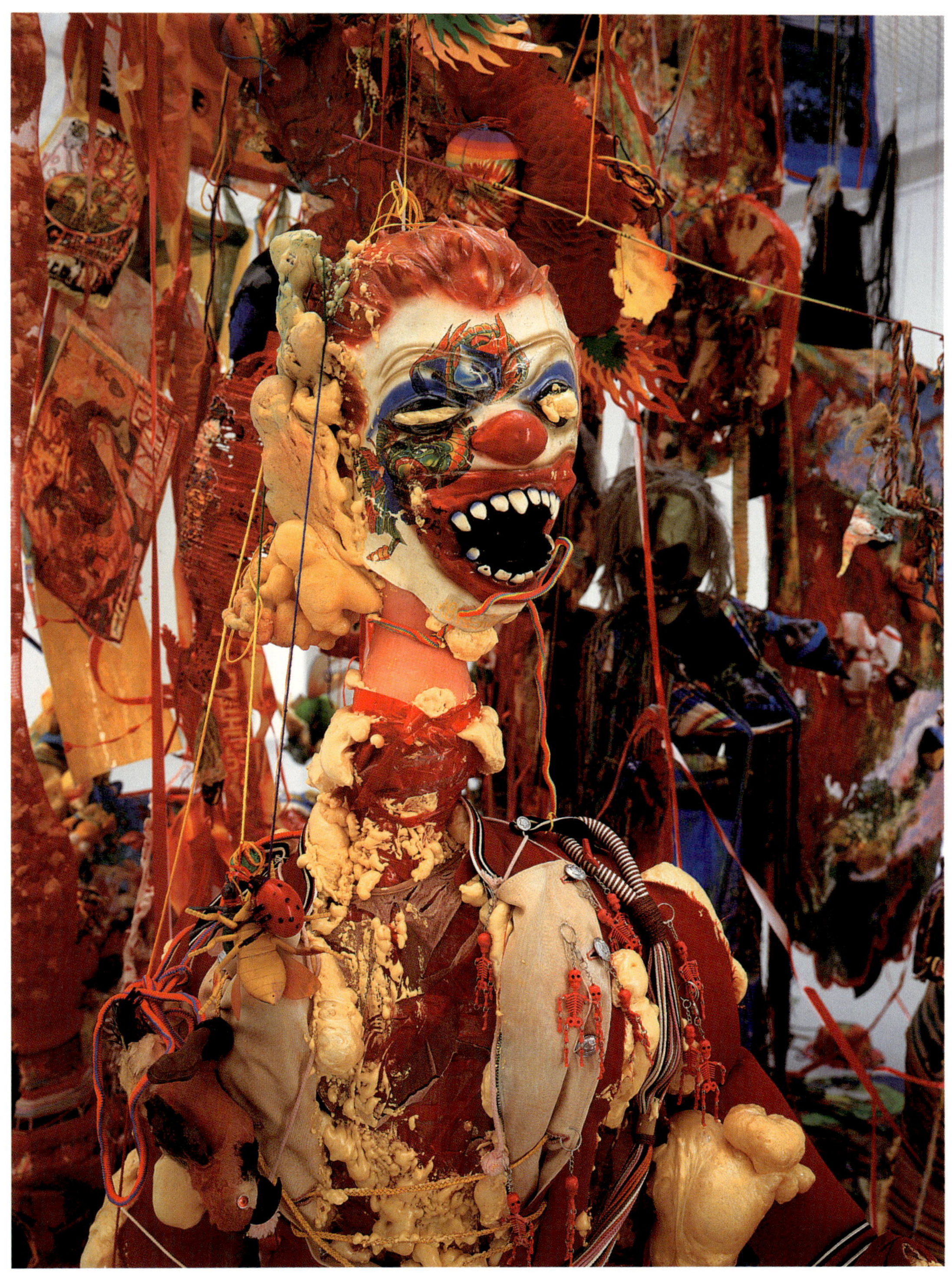

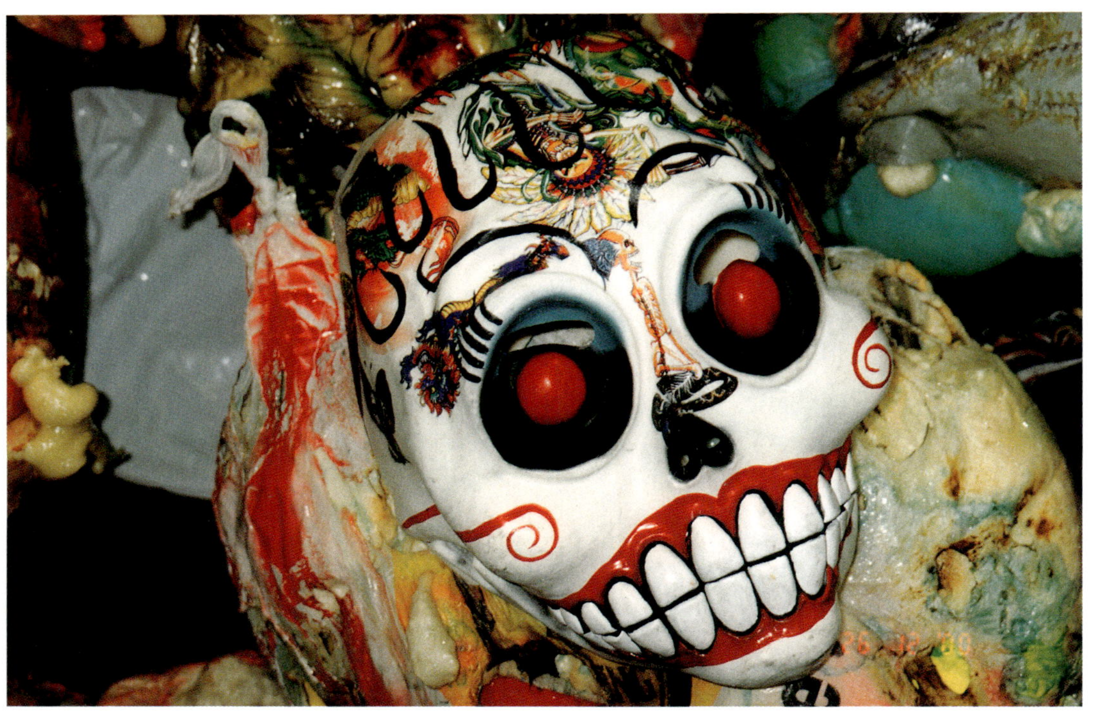

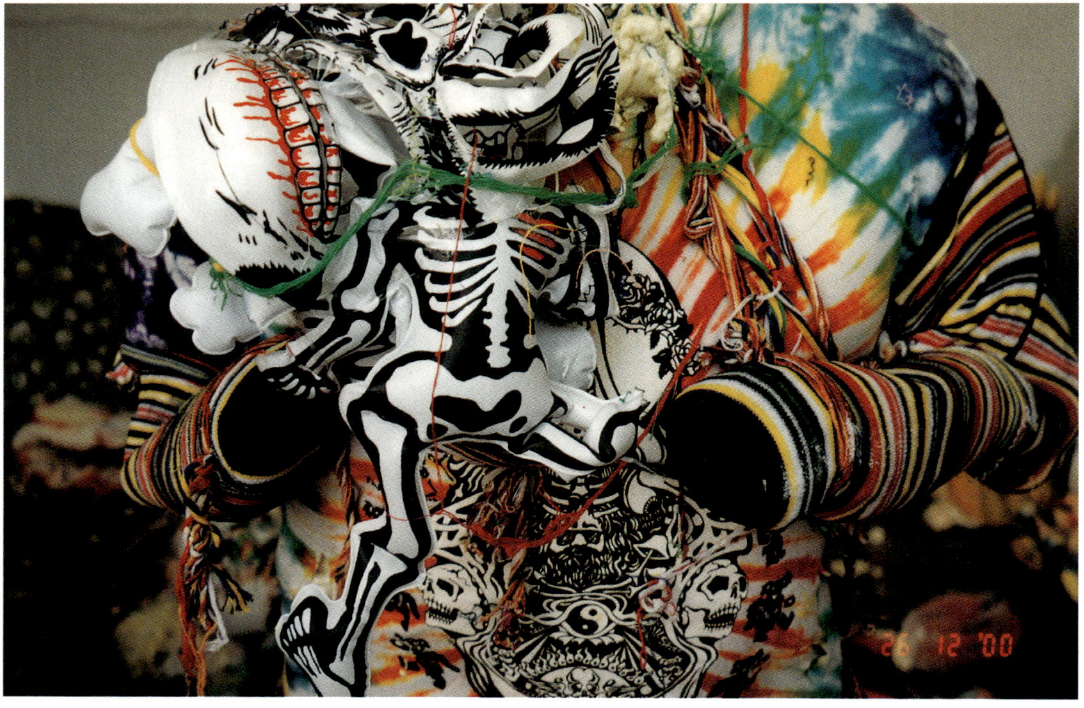

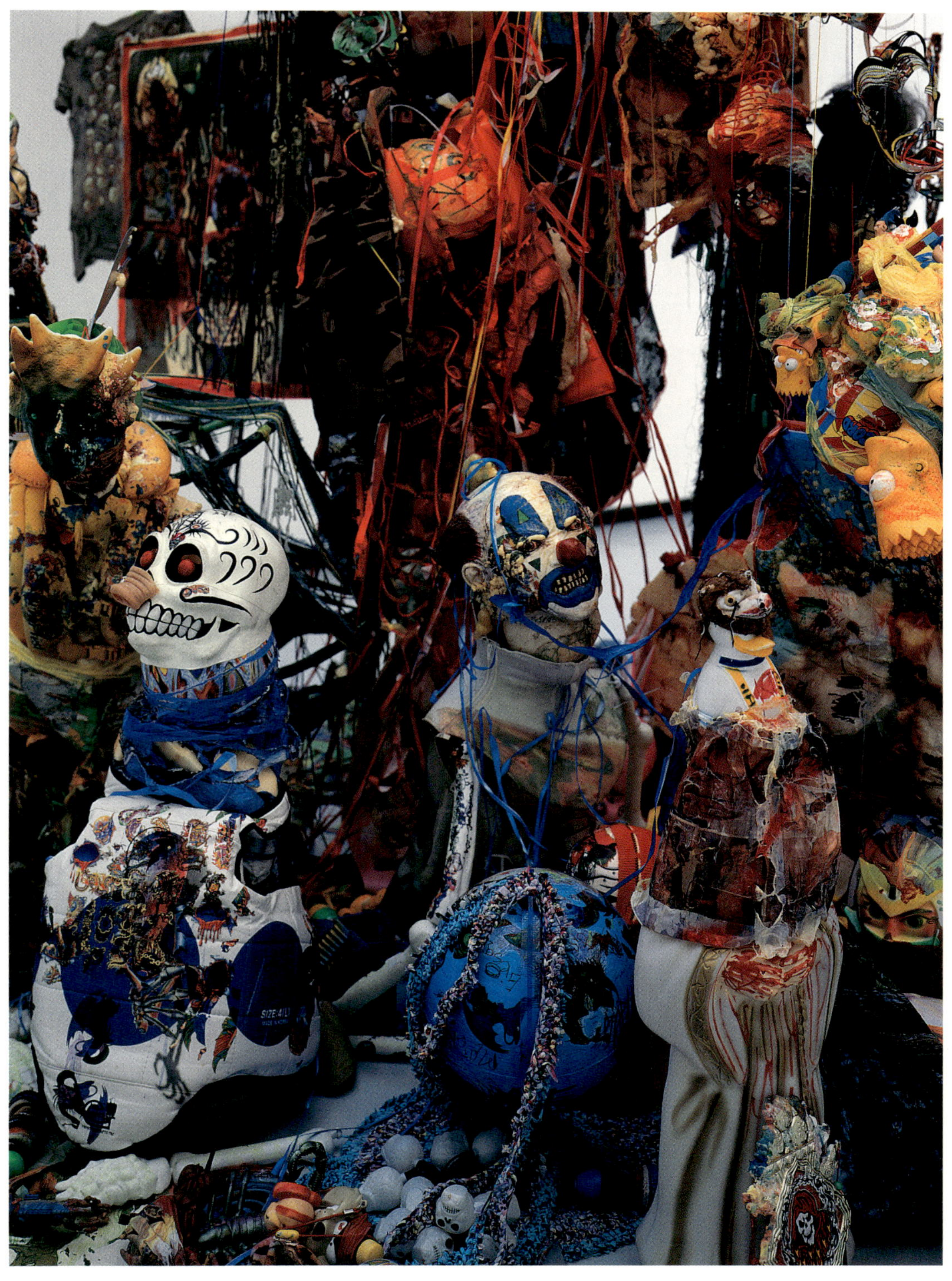

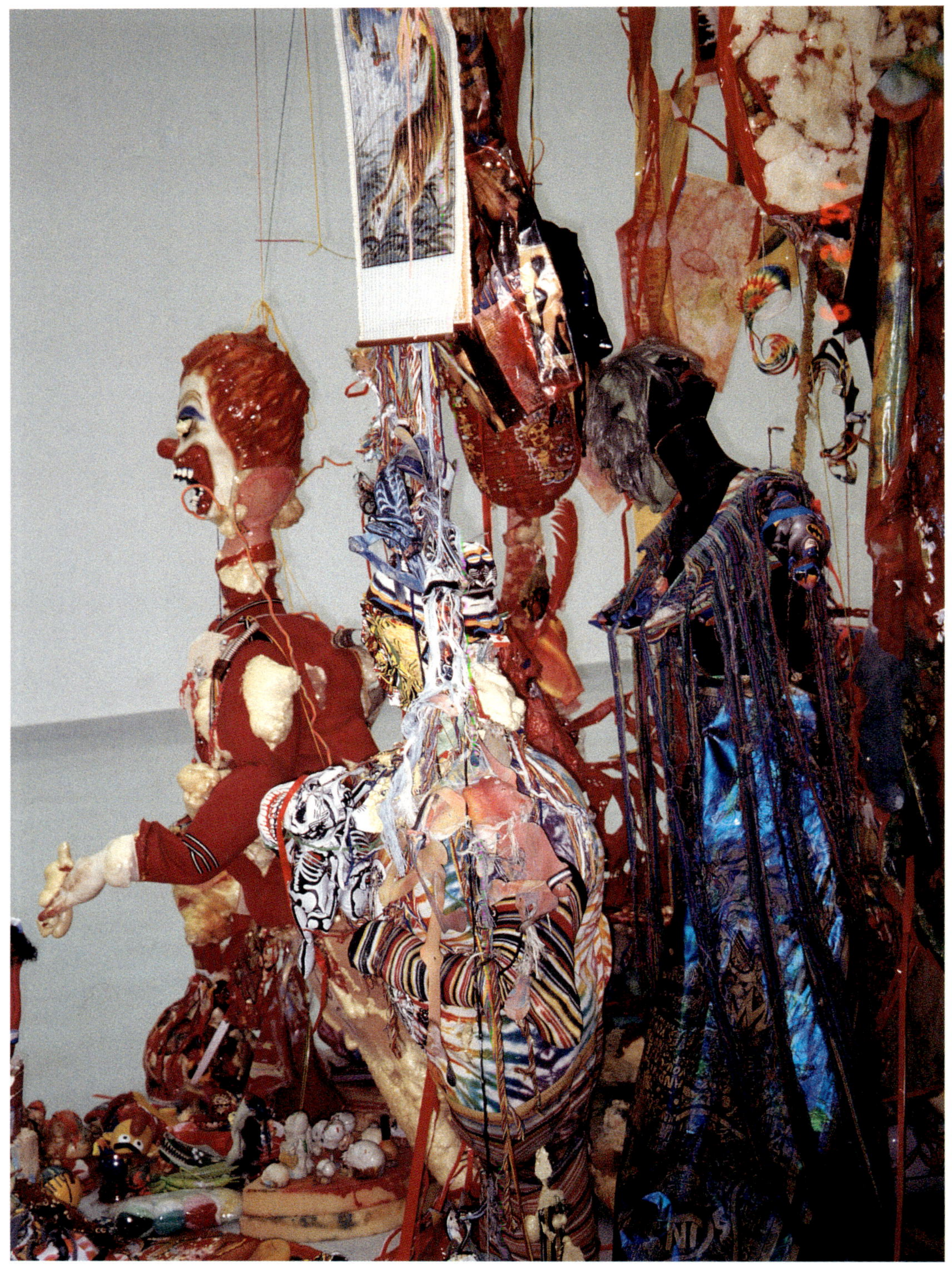

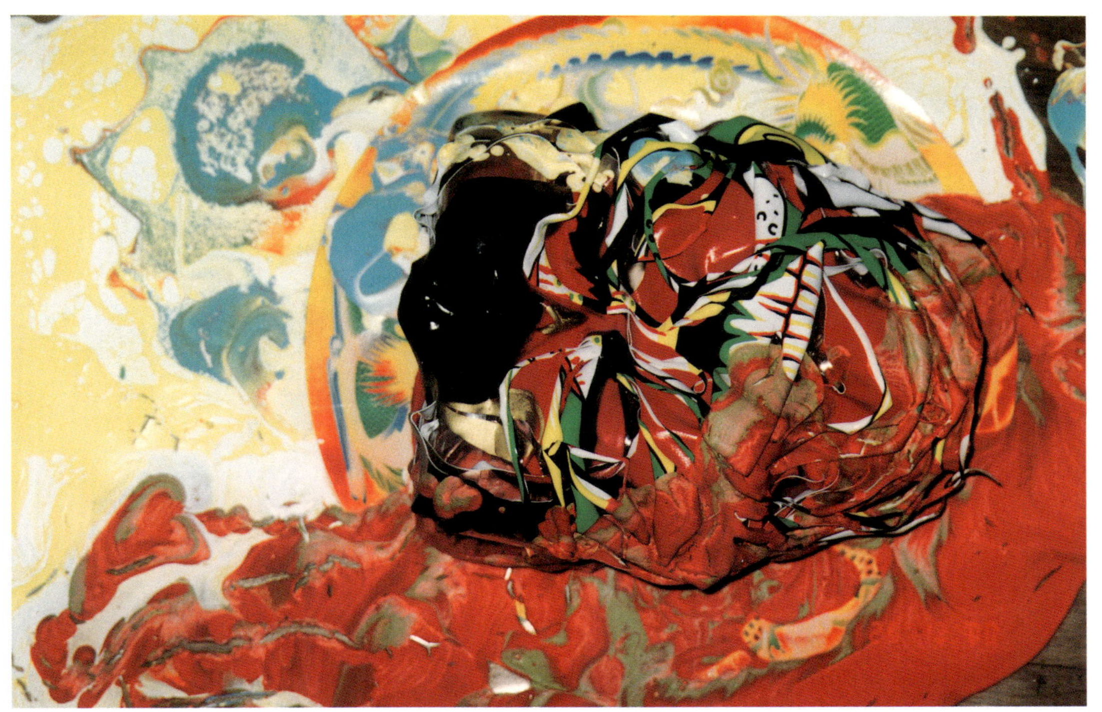

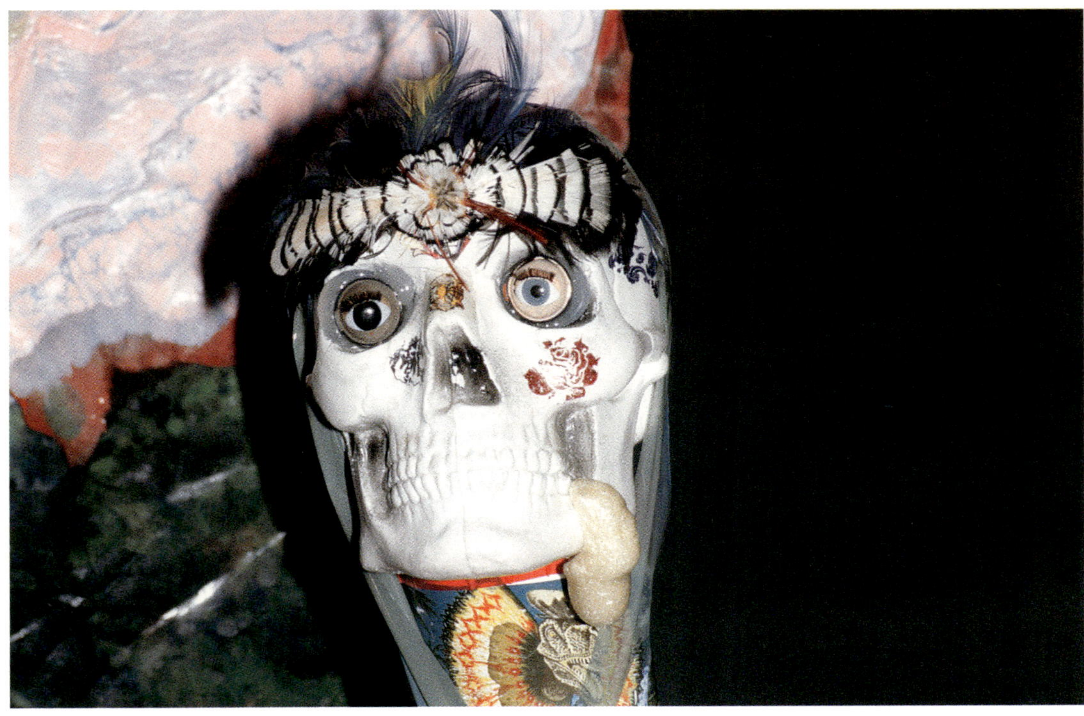

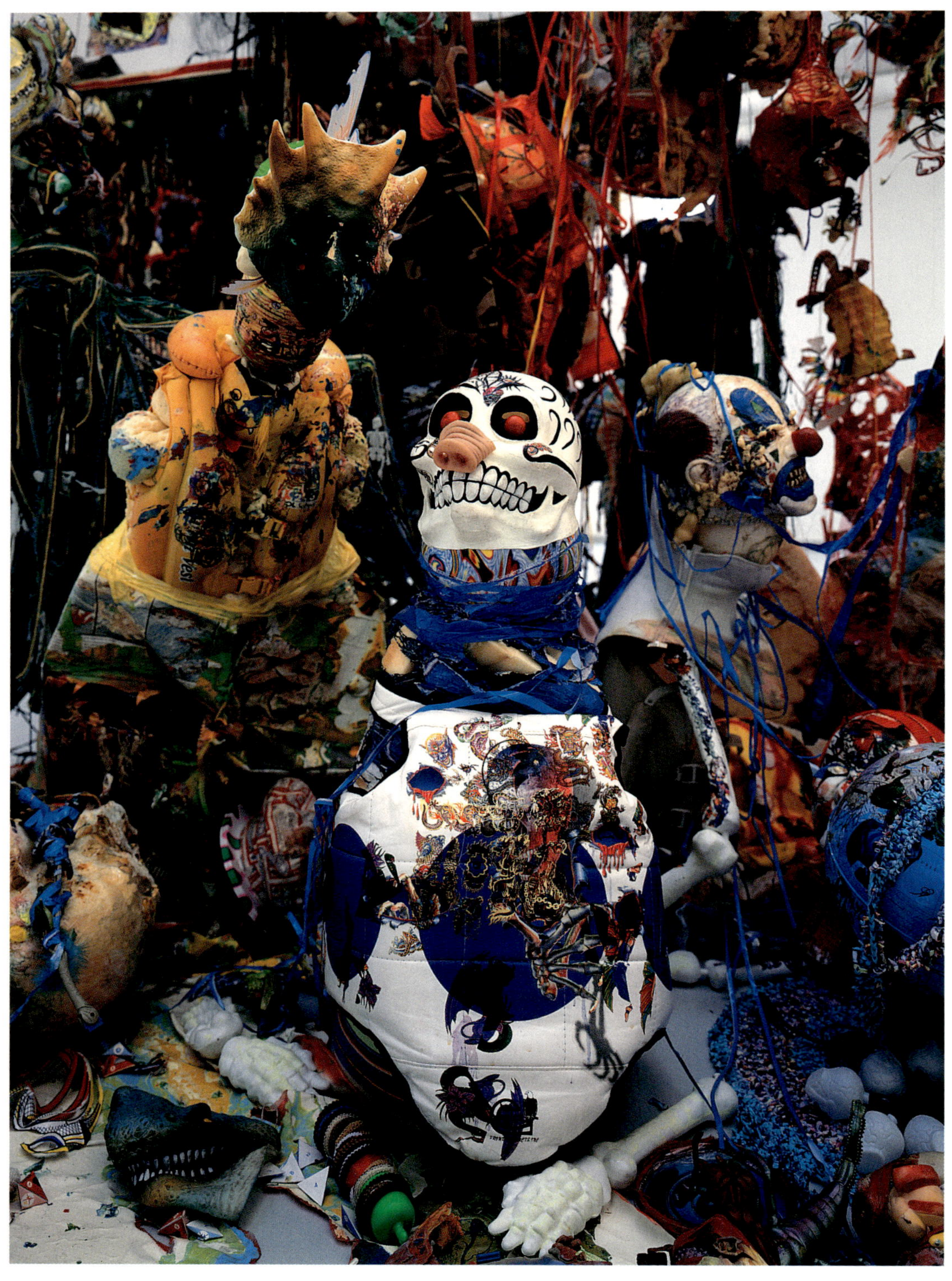

2000. Mixed media sculpture, Silence Before the Curve
dimensions variable. Leo Koenig Inc., New York

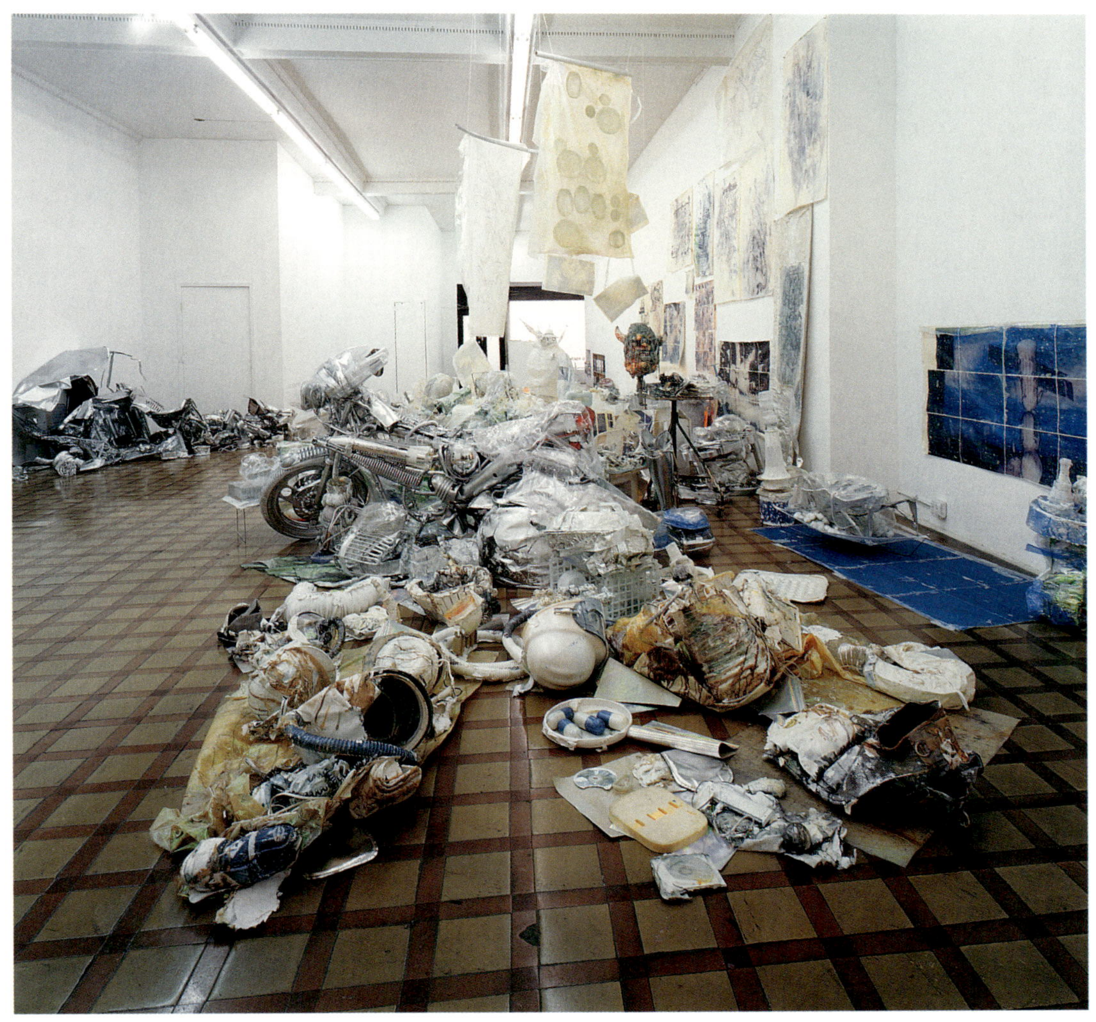

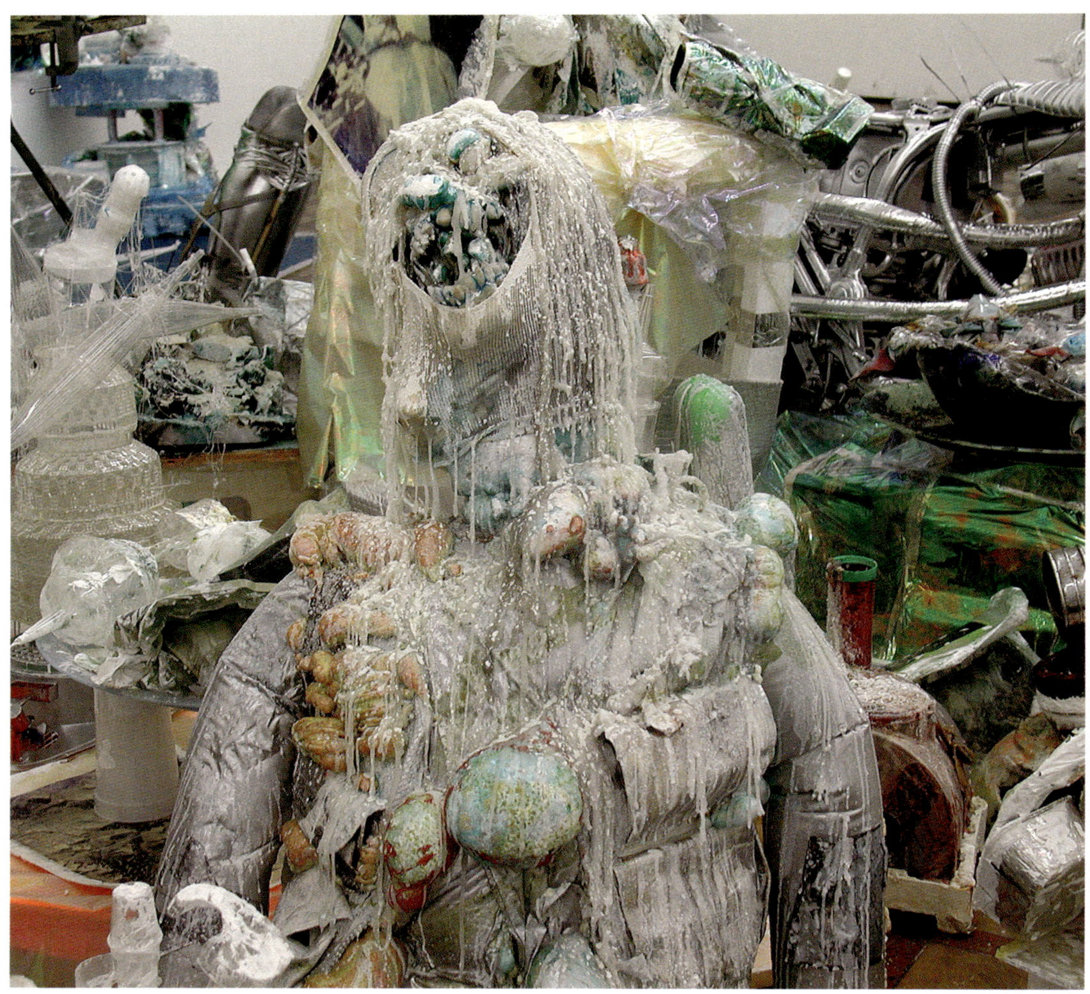

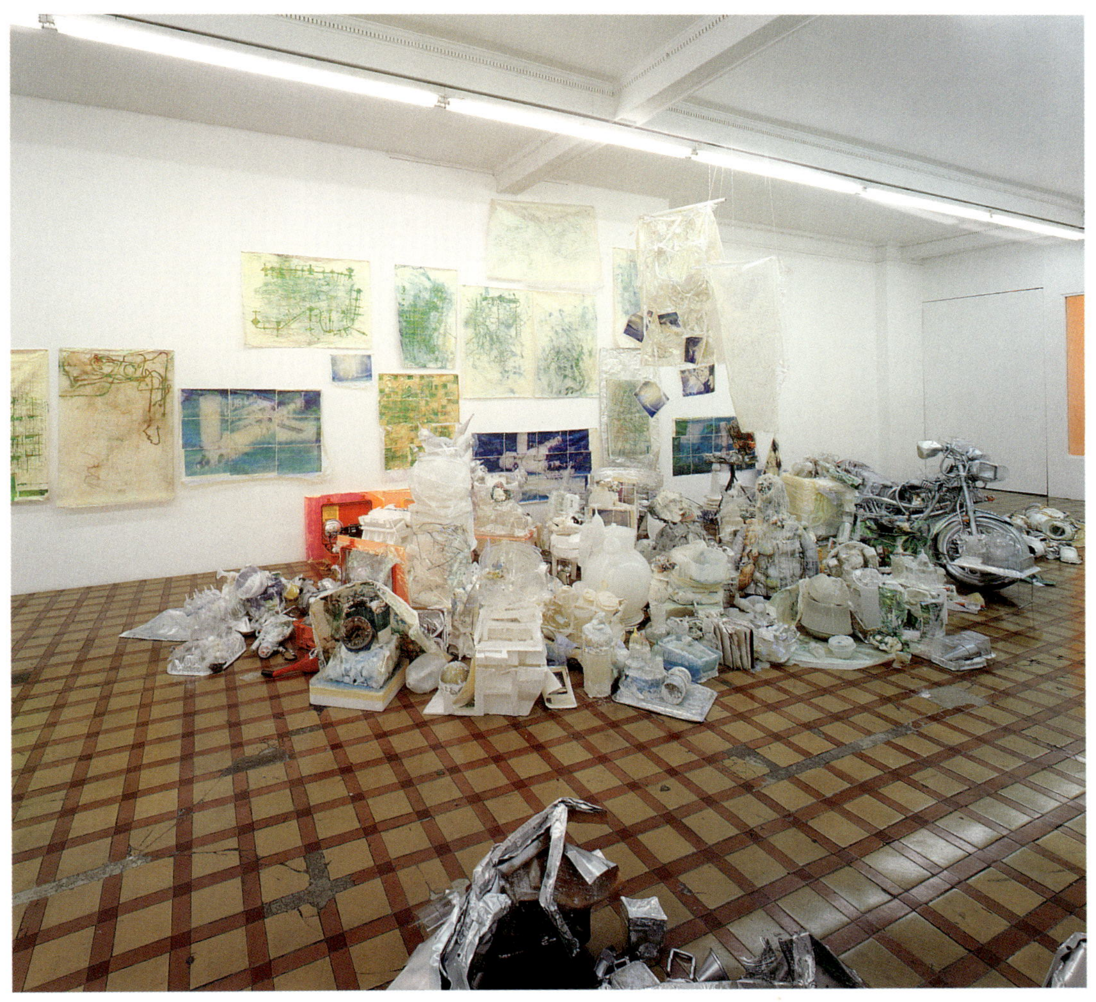

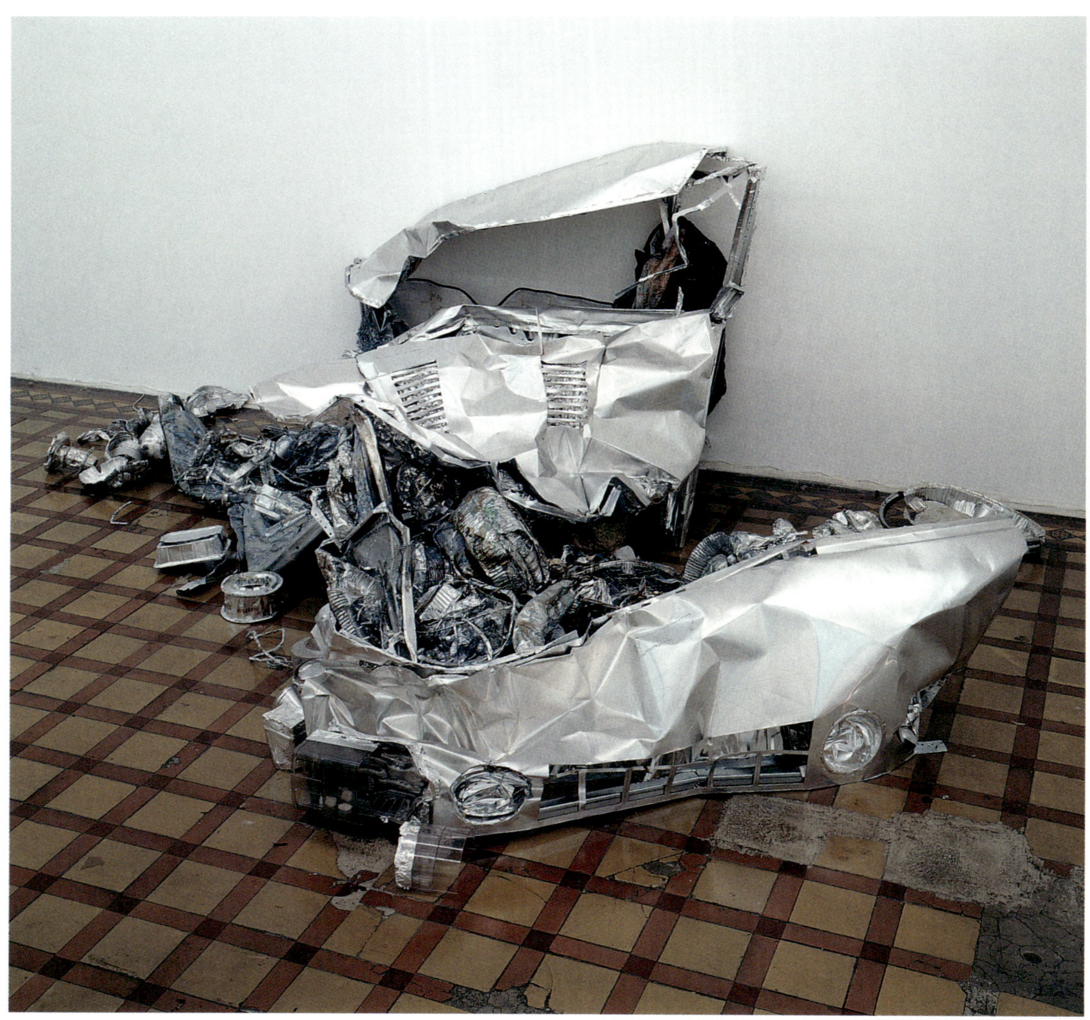

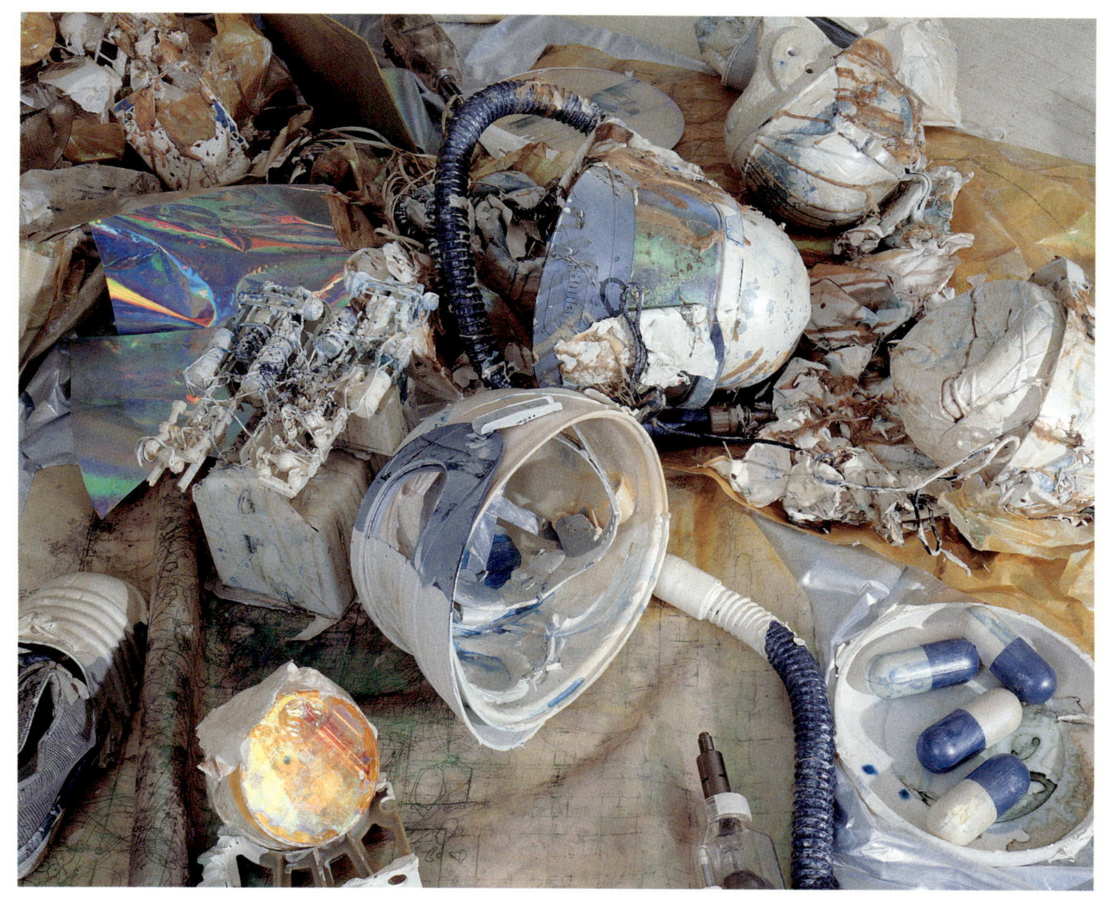

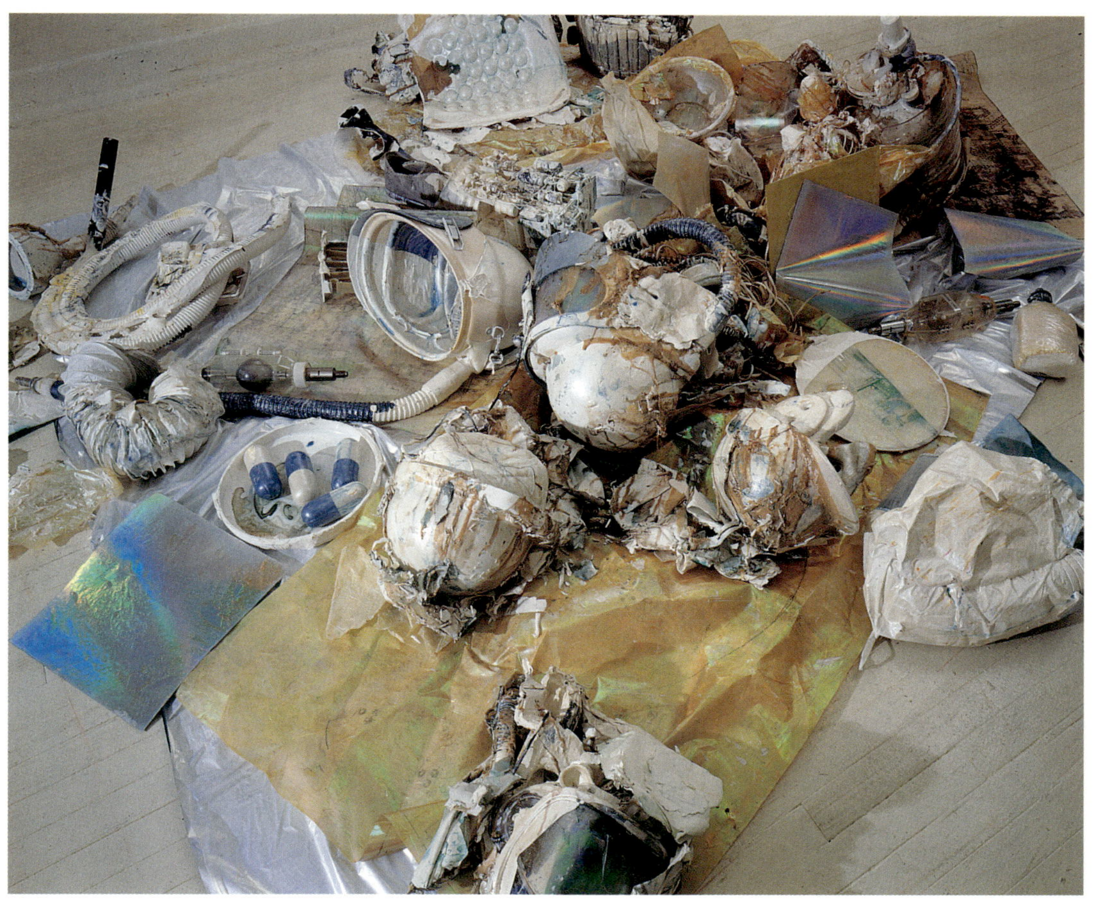

Silence Before the Curve Details.
Collection Hoffmann, Berlin

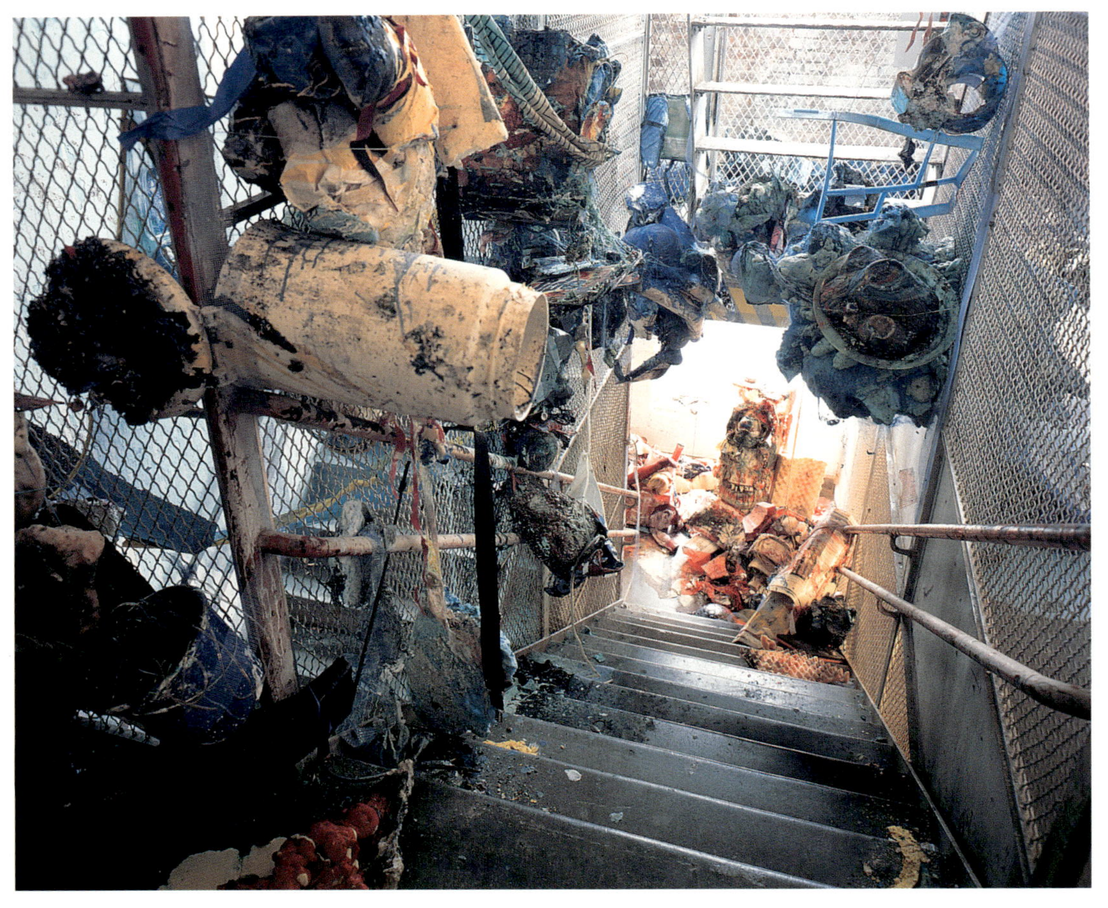

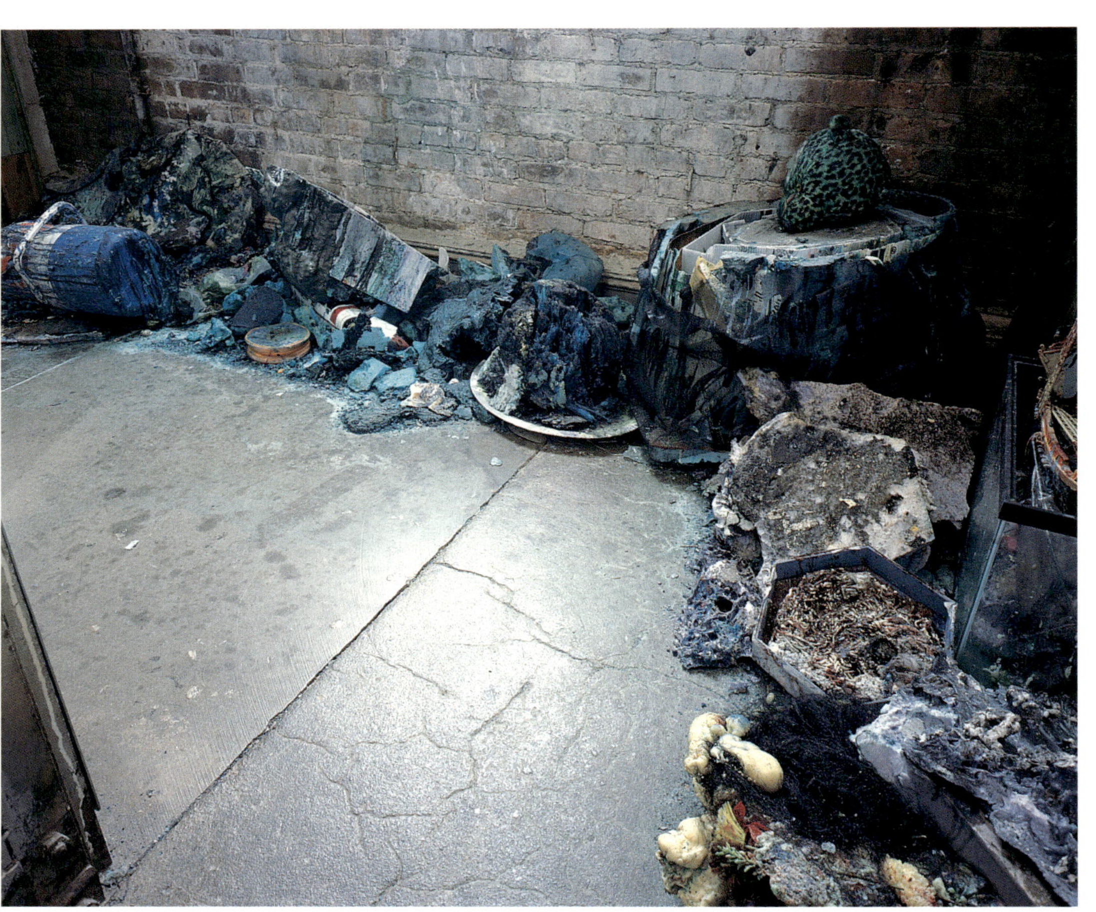

Fallout Bliss / Black Flag 2000. Mixed media installation, dimensions variable. P.S.1 / MoMA.

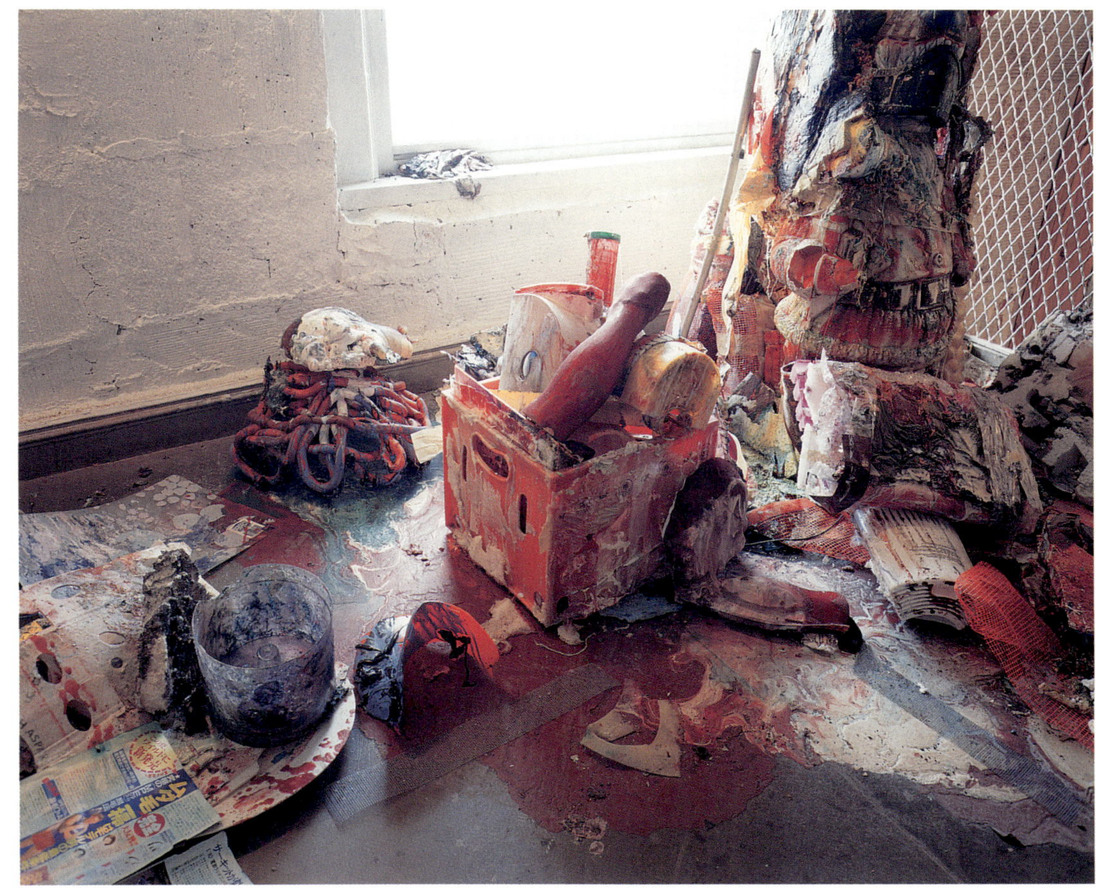

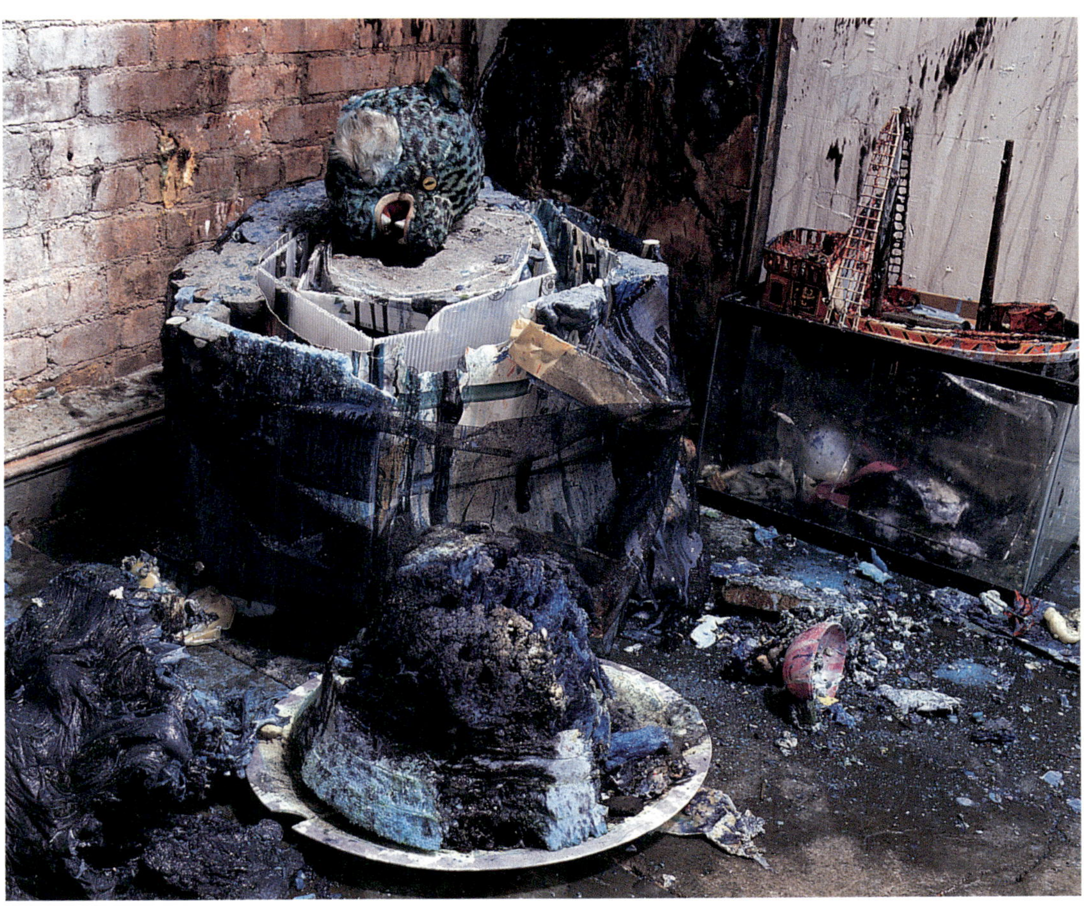

Fallout Bliss / Black Flag Details

Fallout Bliss / Deserted in the Blink of An Eye 2000/2001.
Mixed media installation, dimensions variable. Leo Koenig Inc., New York

32

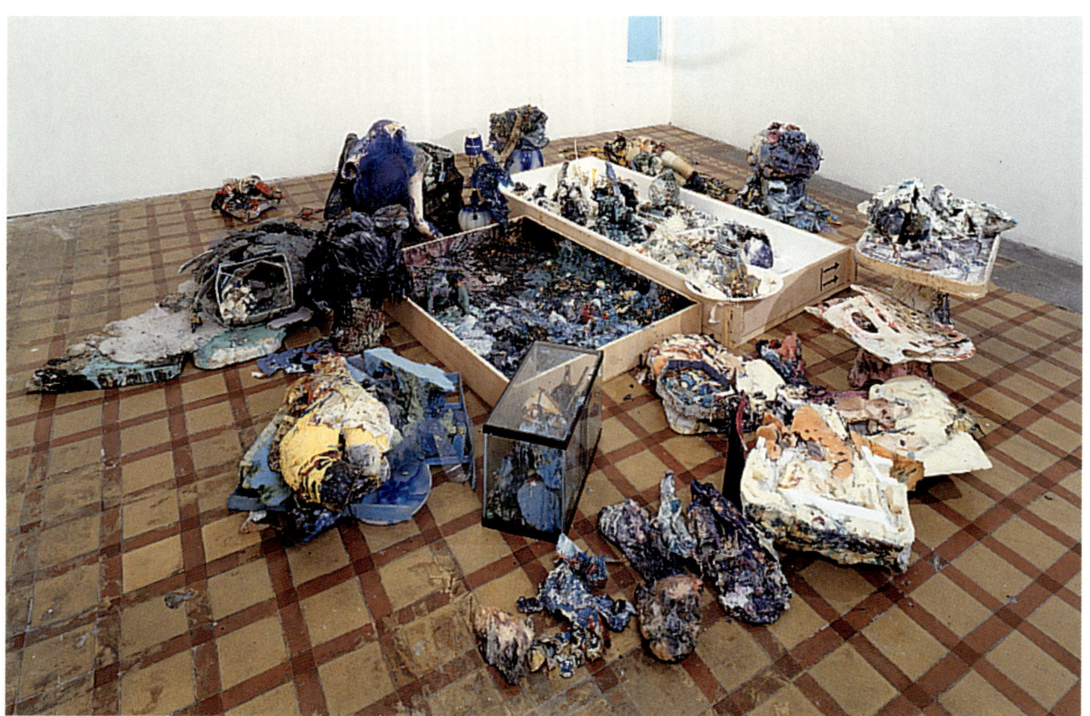

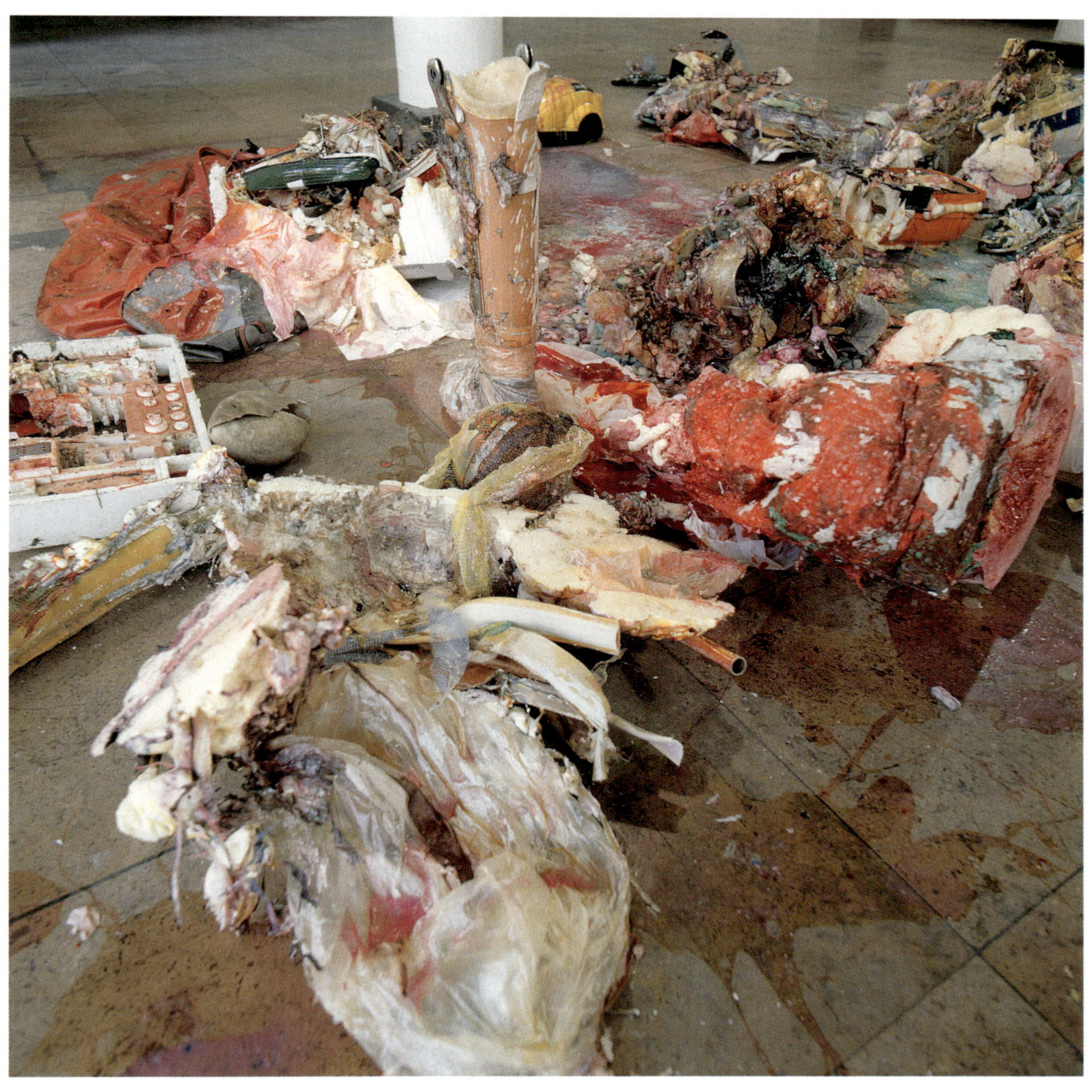

2000. Mixed media installation, **Tomb of the Unknown Soldier** dimensions variable. Center for Contemporary Art, Berlin

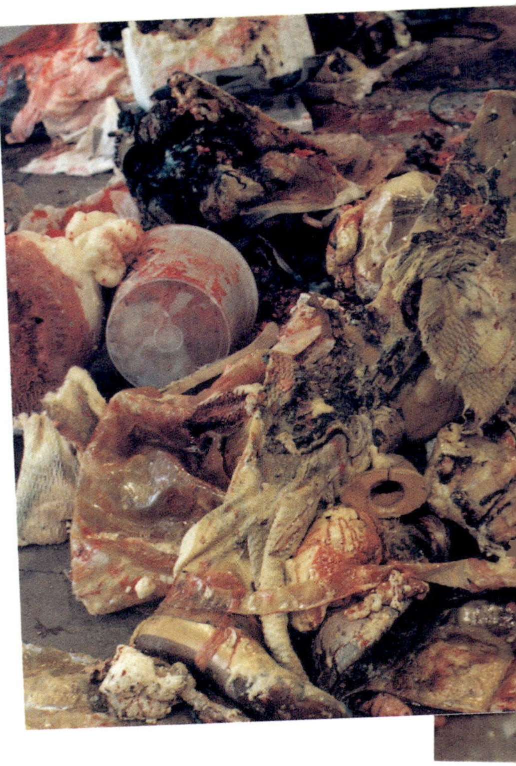

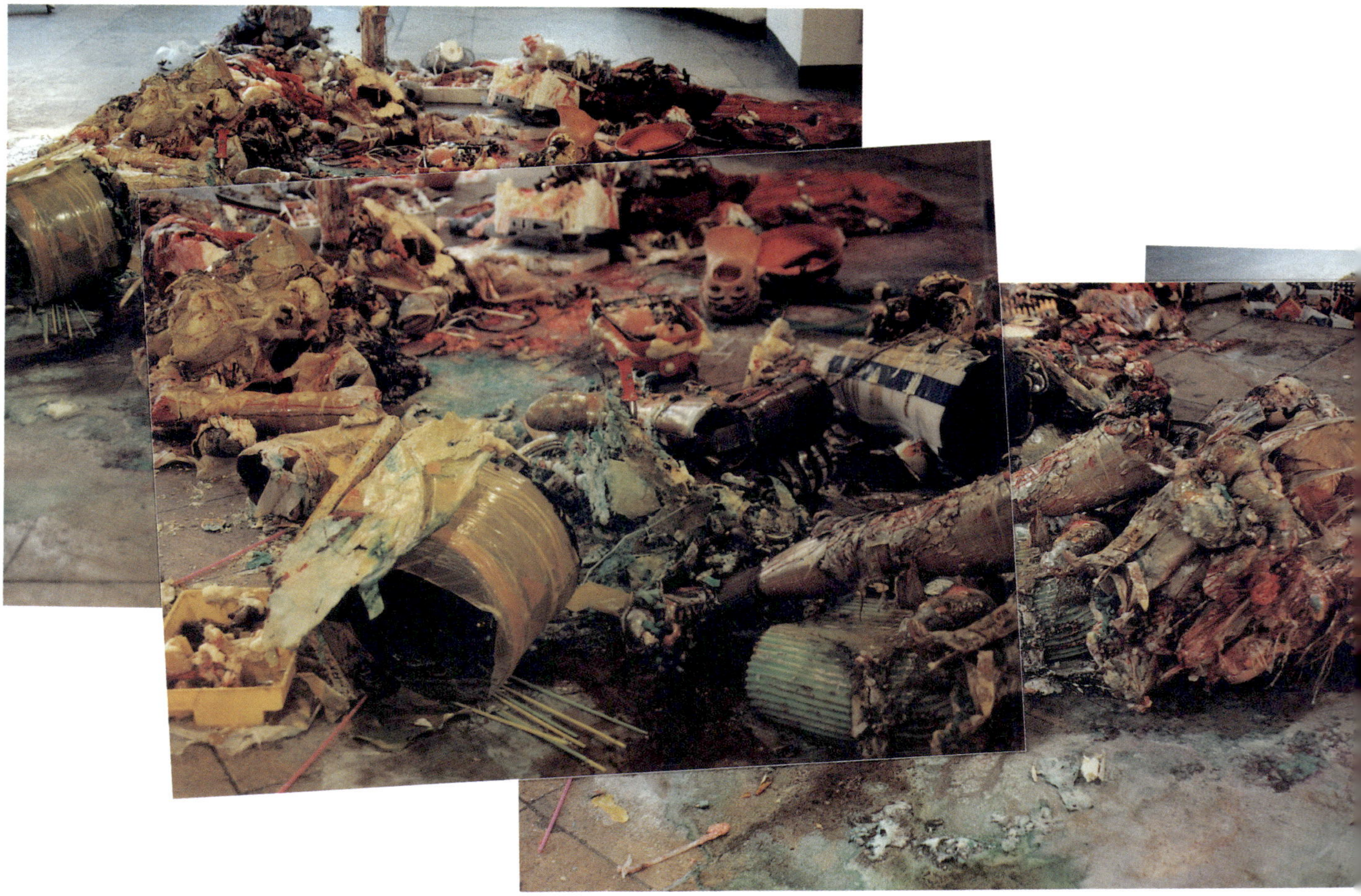

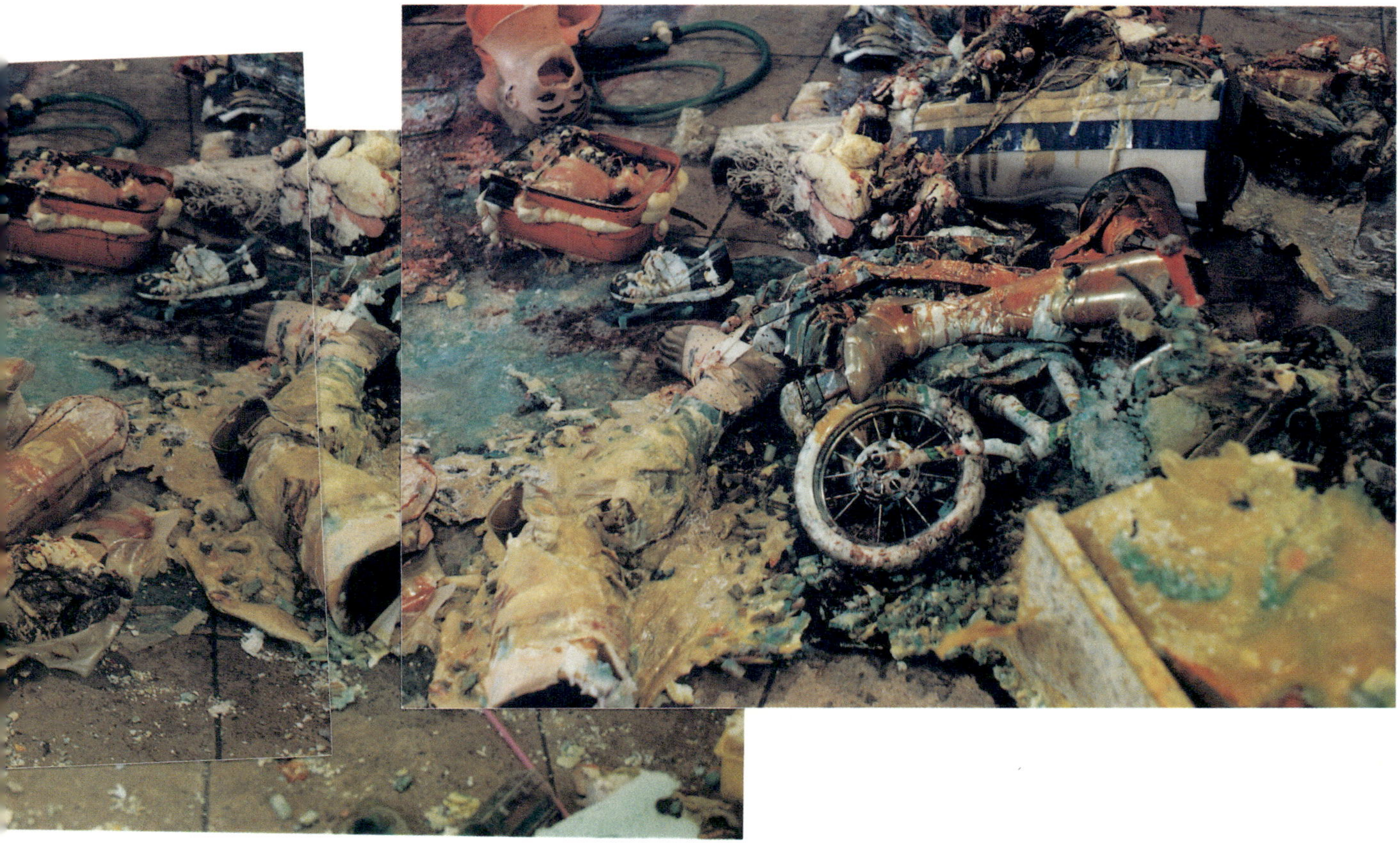

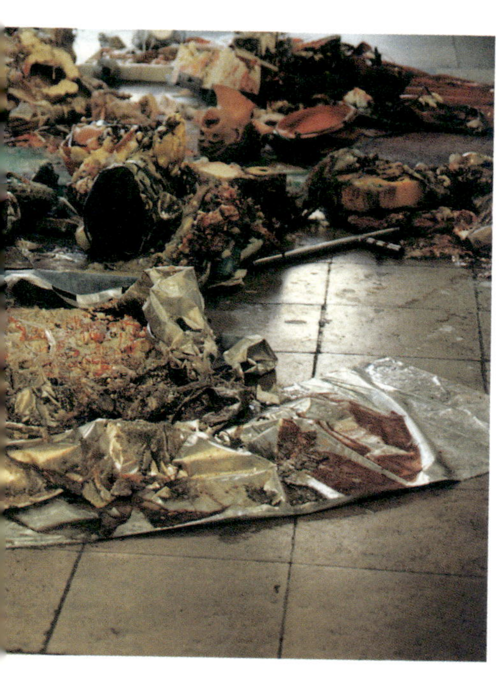

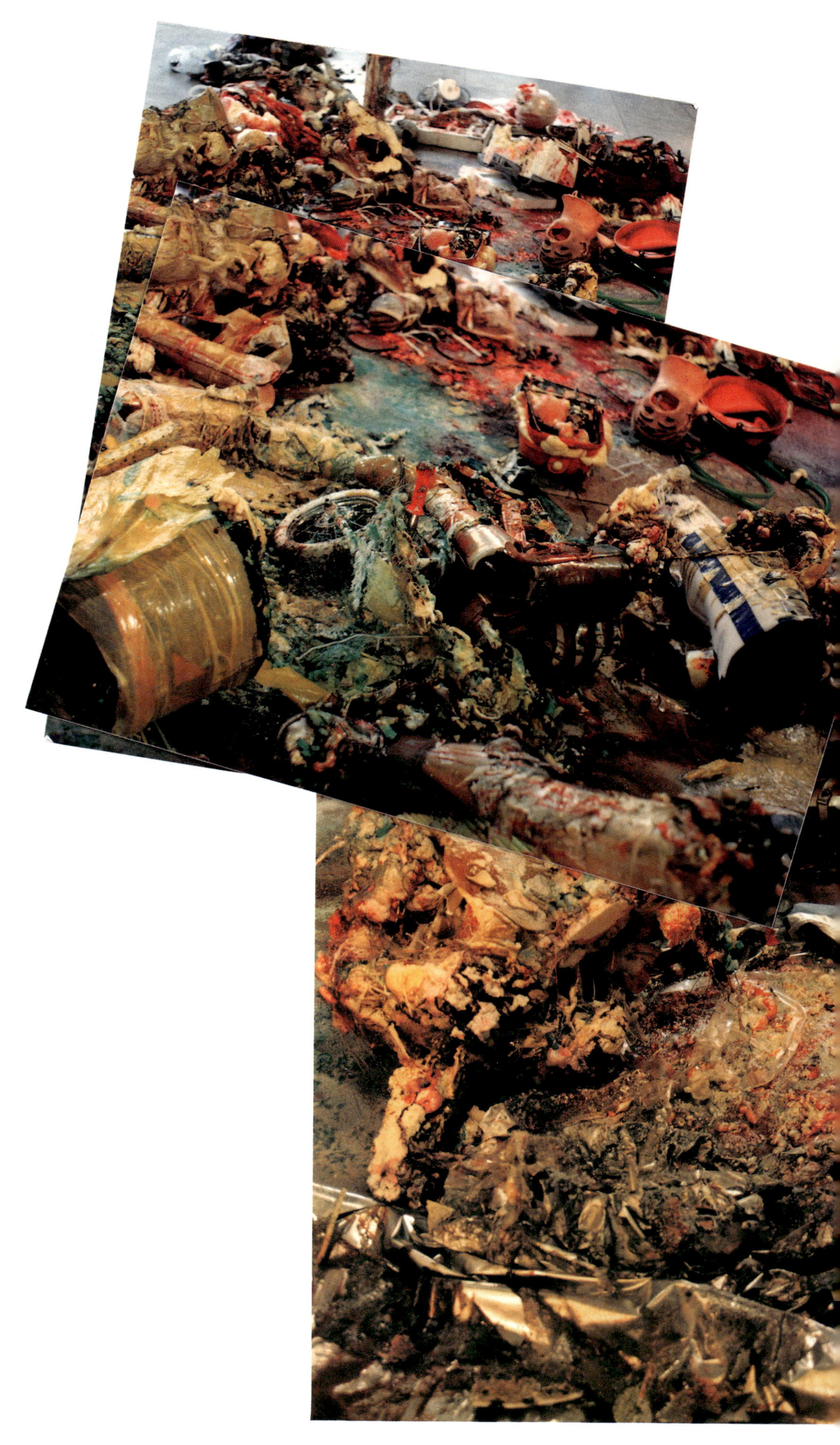

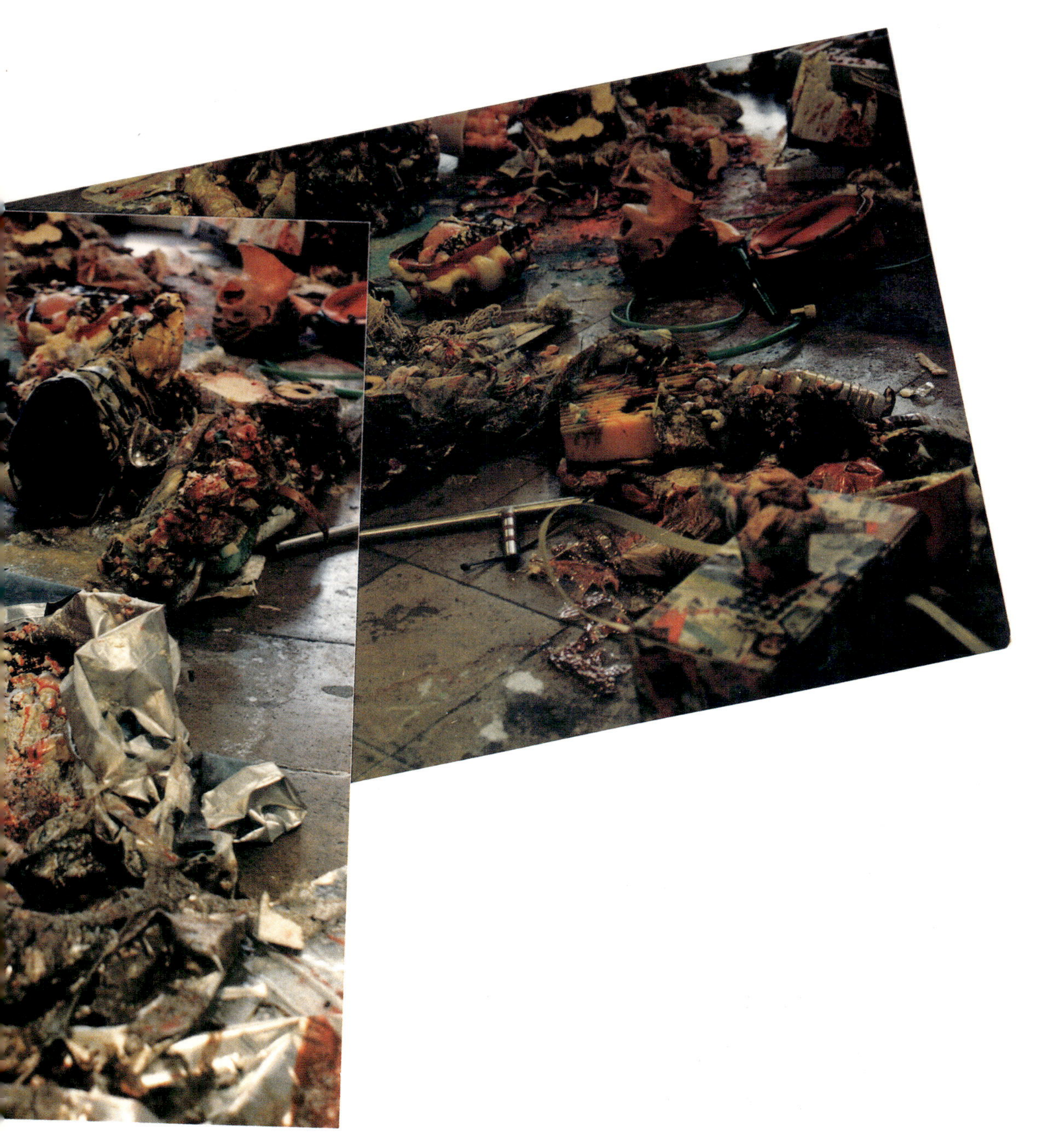

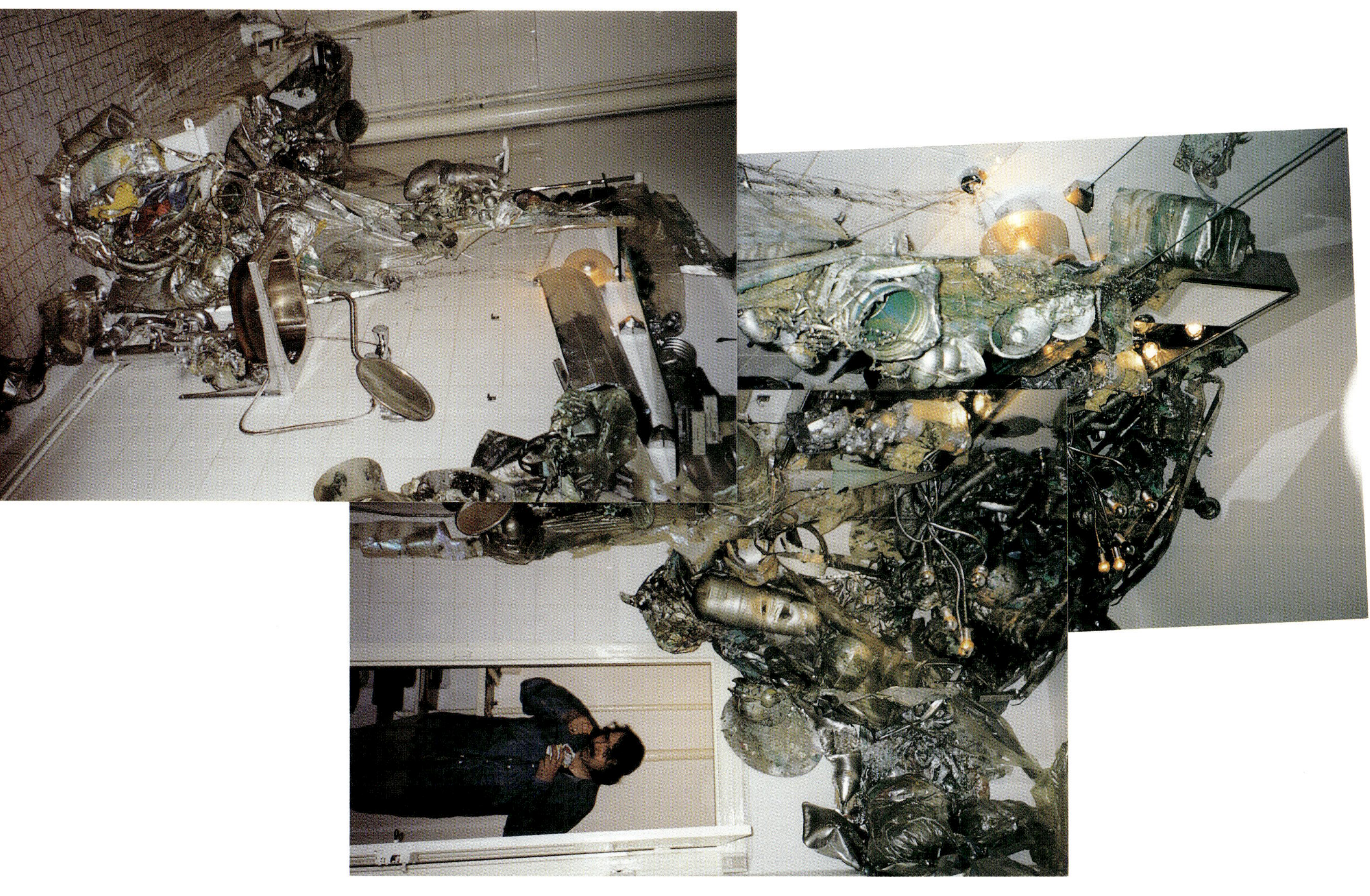

Be Right Back Again / In Space Nobody Hears You Scream 2000. Mixed media installation, dimensions variable. Collection Volkmann, Berlin

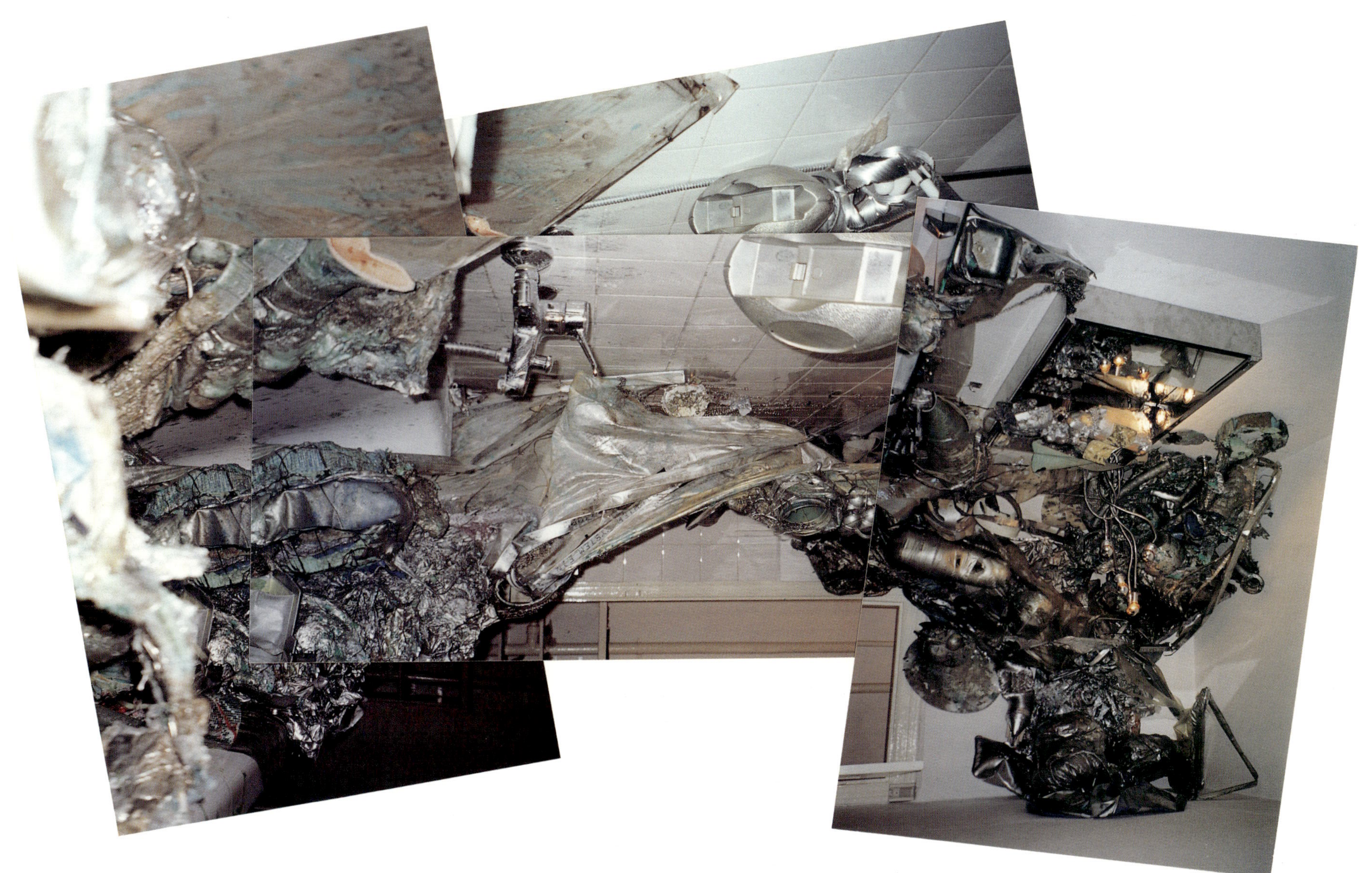

Be Right Back Again / In Space Nobody Hears You Scream Detail

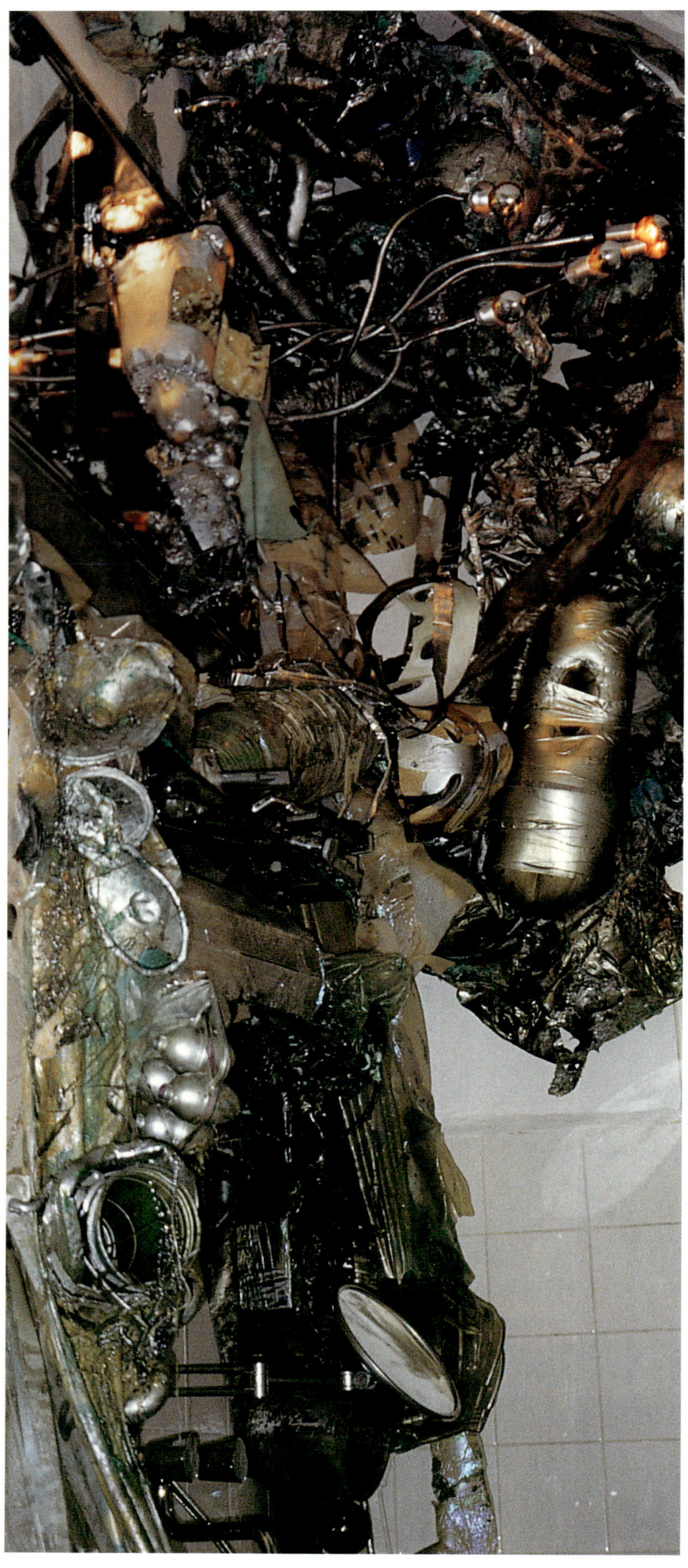

Be Right Back Again / In Space Nobody Hears You Sceam Detail

1999. Mixed media installation, Soft Defect
dimensions variable. John Weber Gallery, New York

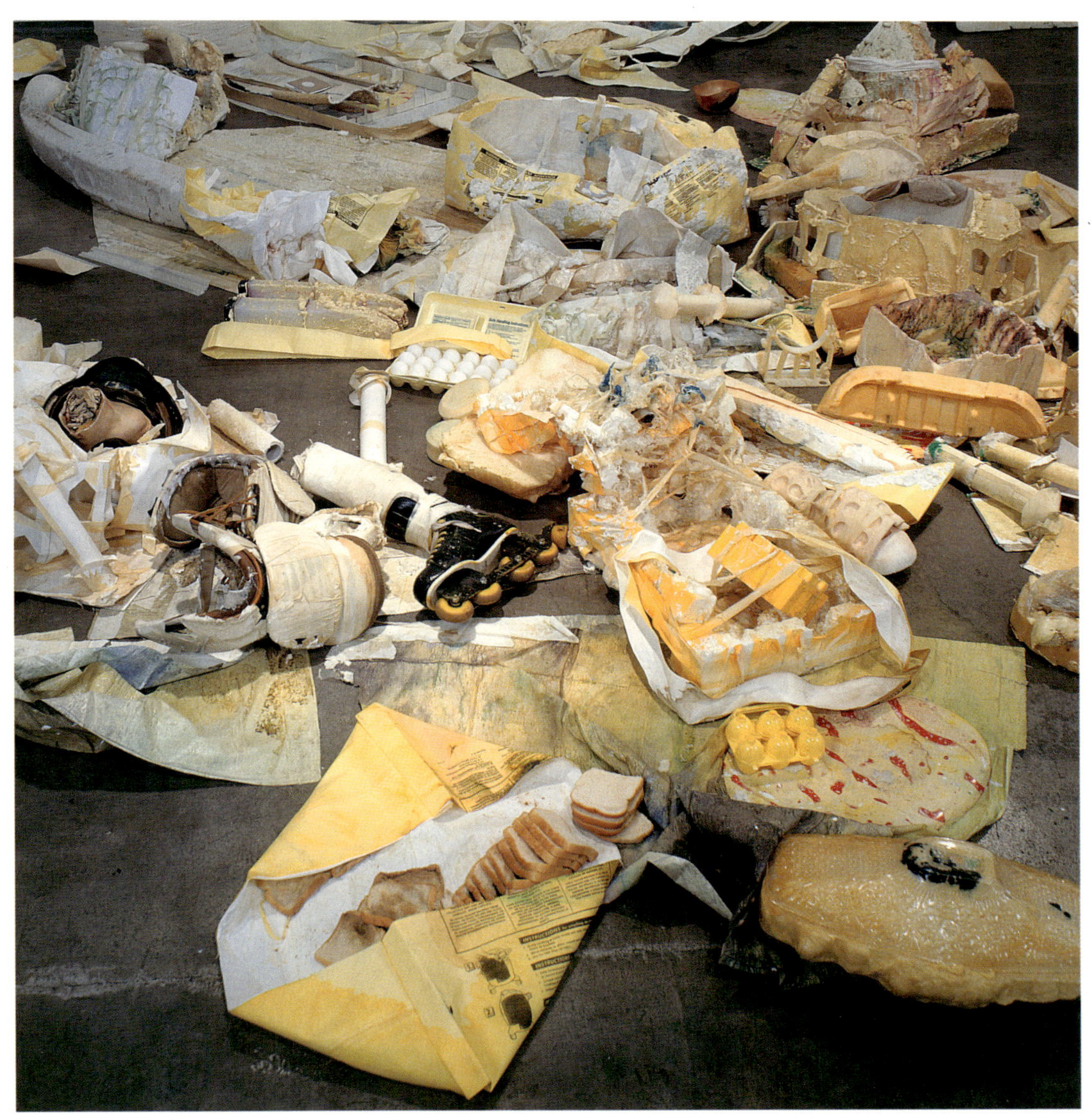

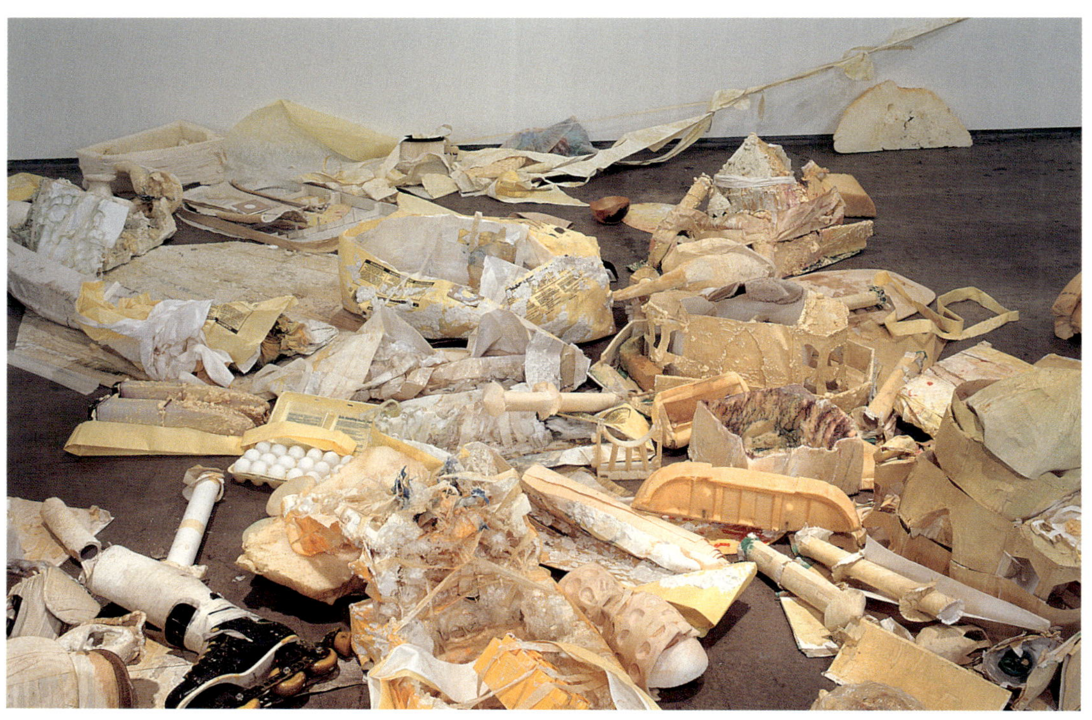

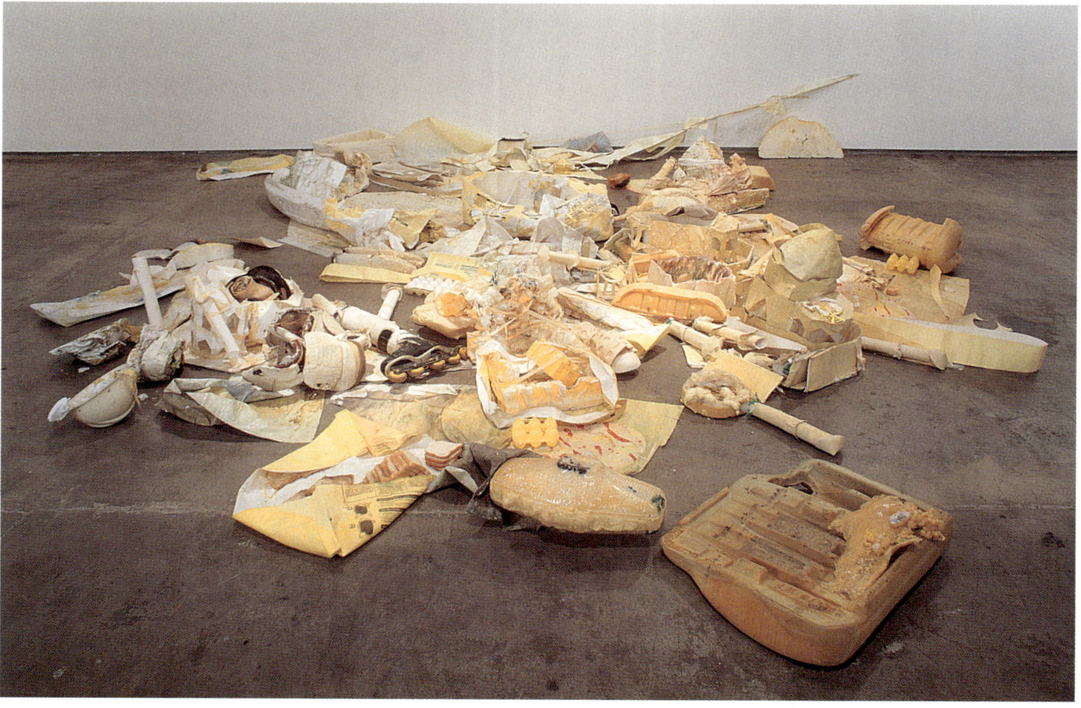

1998–99. Mixed media installation, Embarkation for Cythera
dimensions variable. Leo Koenig Inc., New York

43

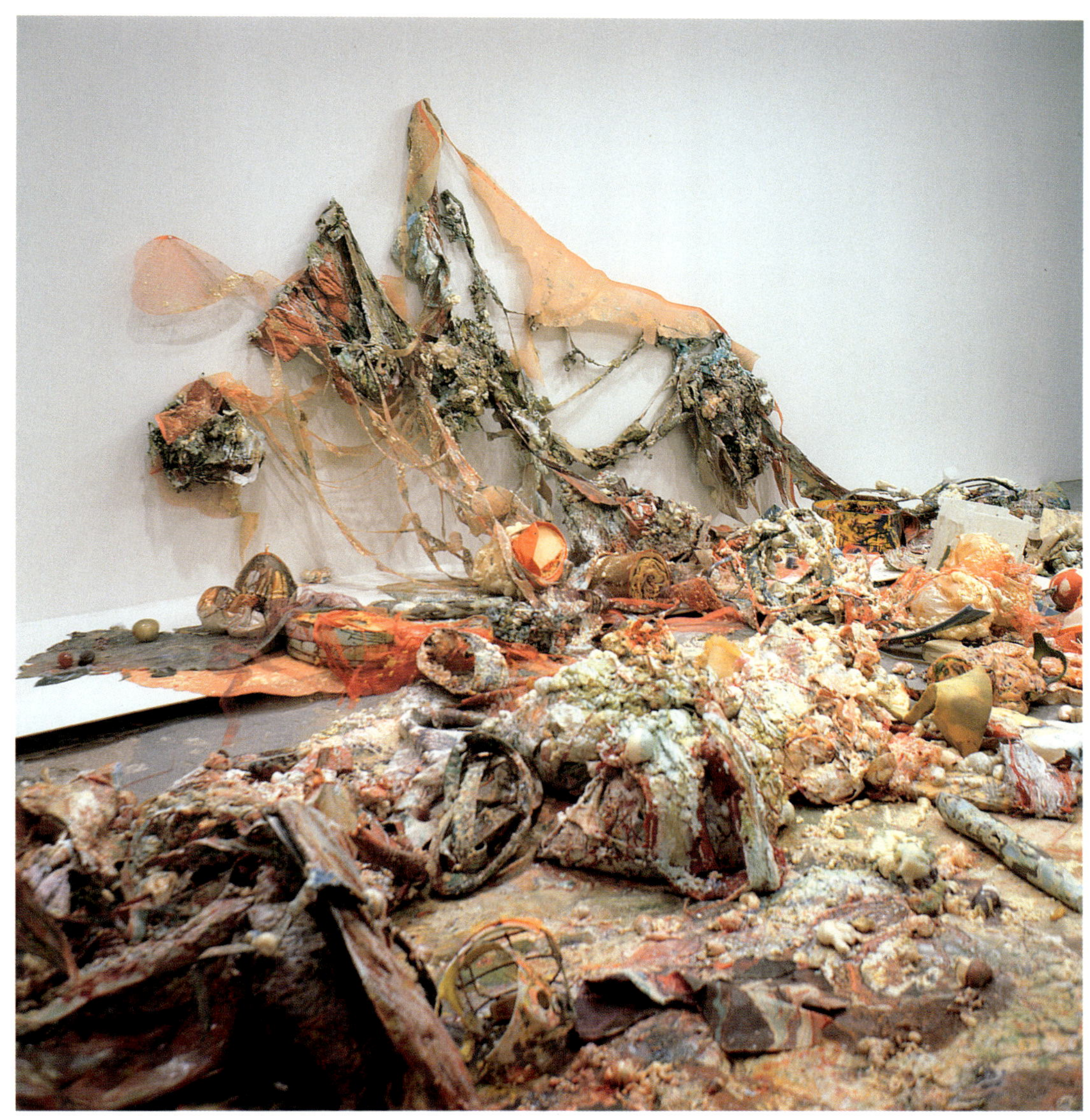

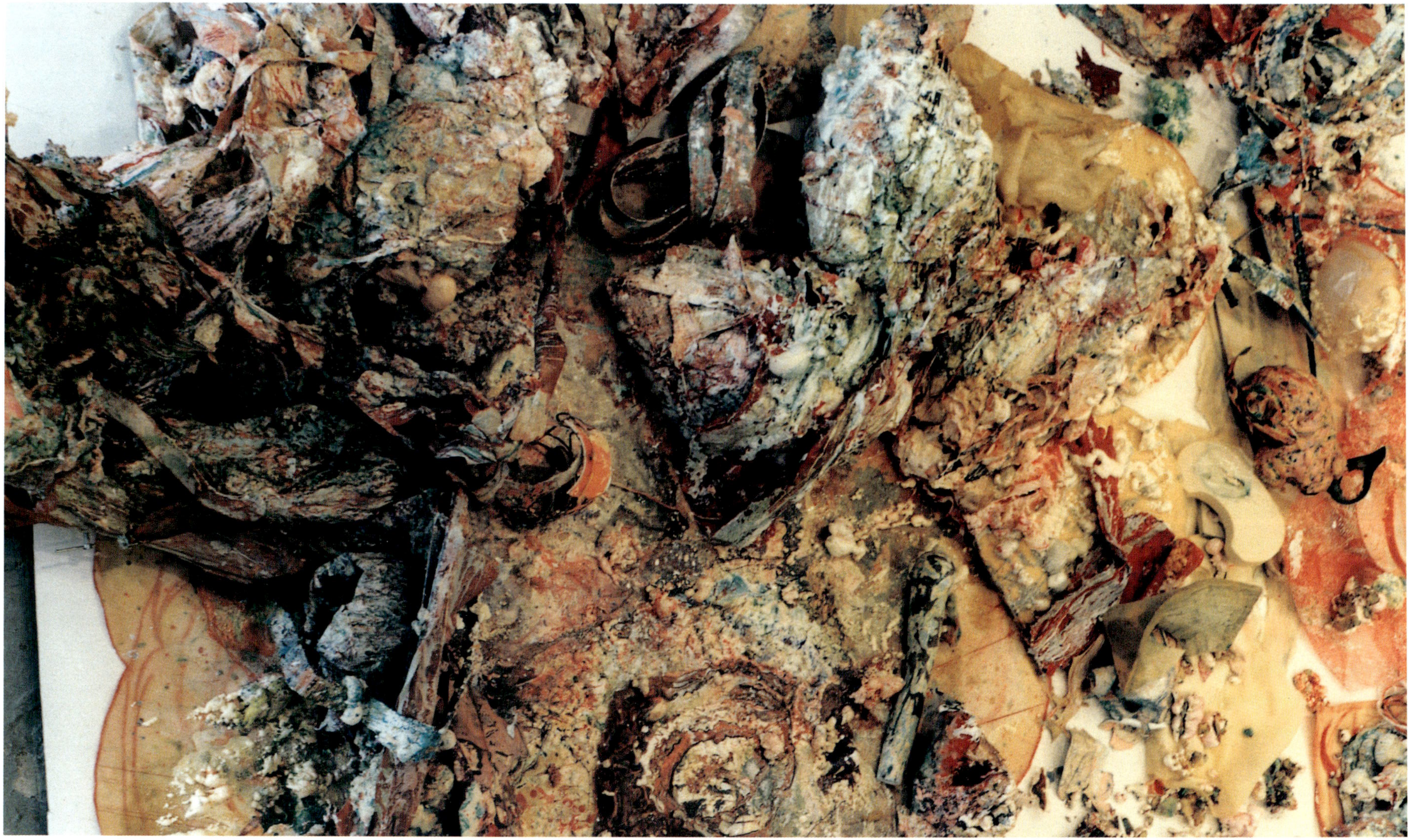

Embarkation for Cythera Detail

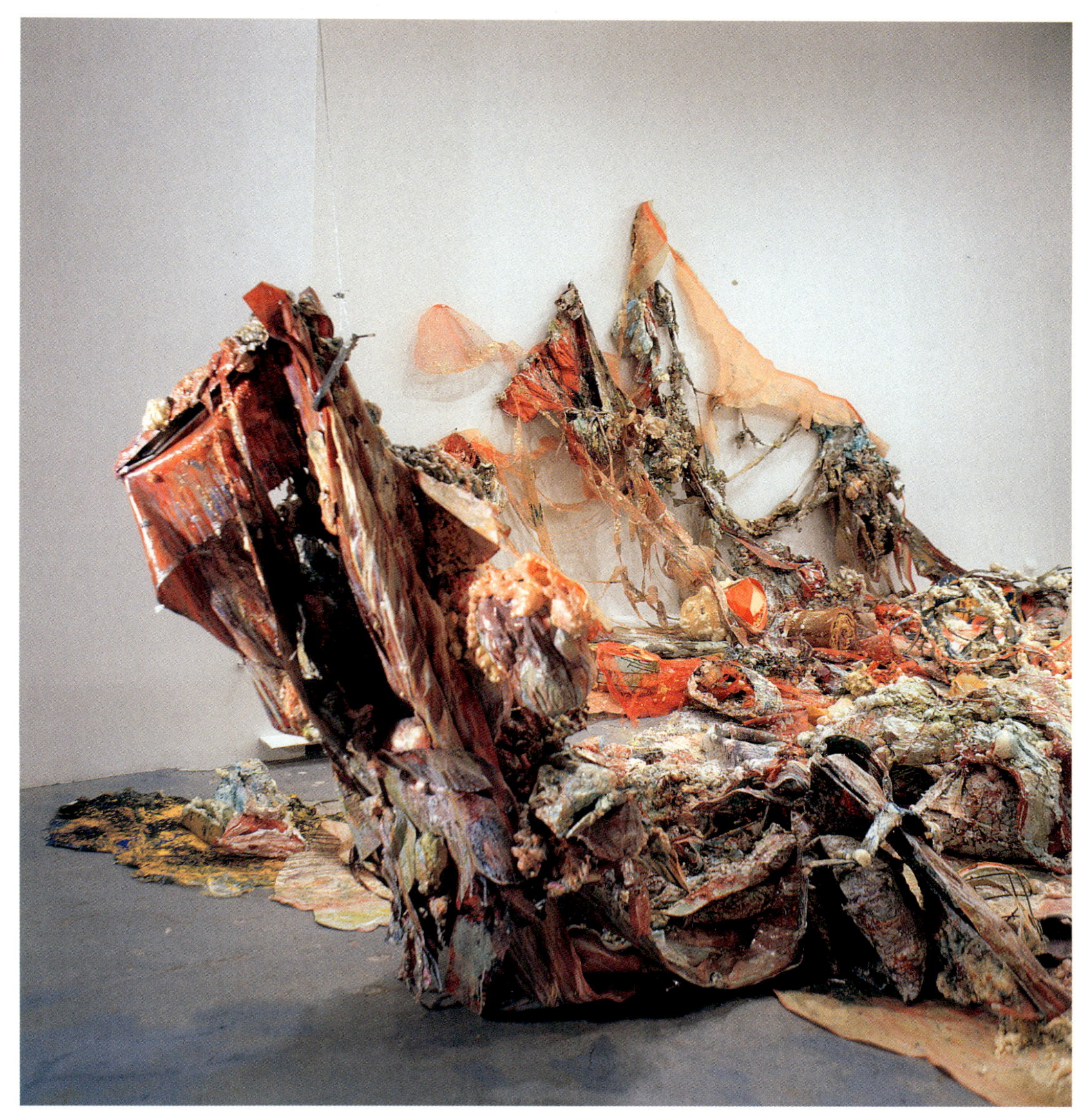

The Trilogy of Abstraction – Yellow Peril / Friendly Fire 1996. Mixed media installation, dimensions variable. P.S.1 / MoMA

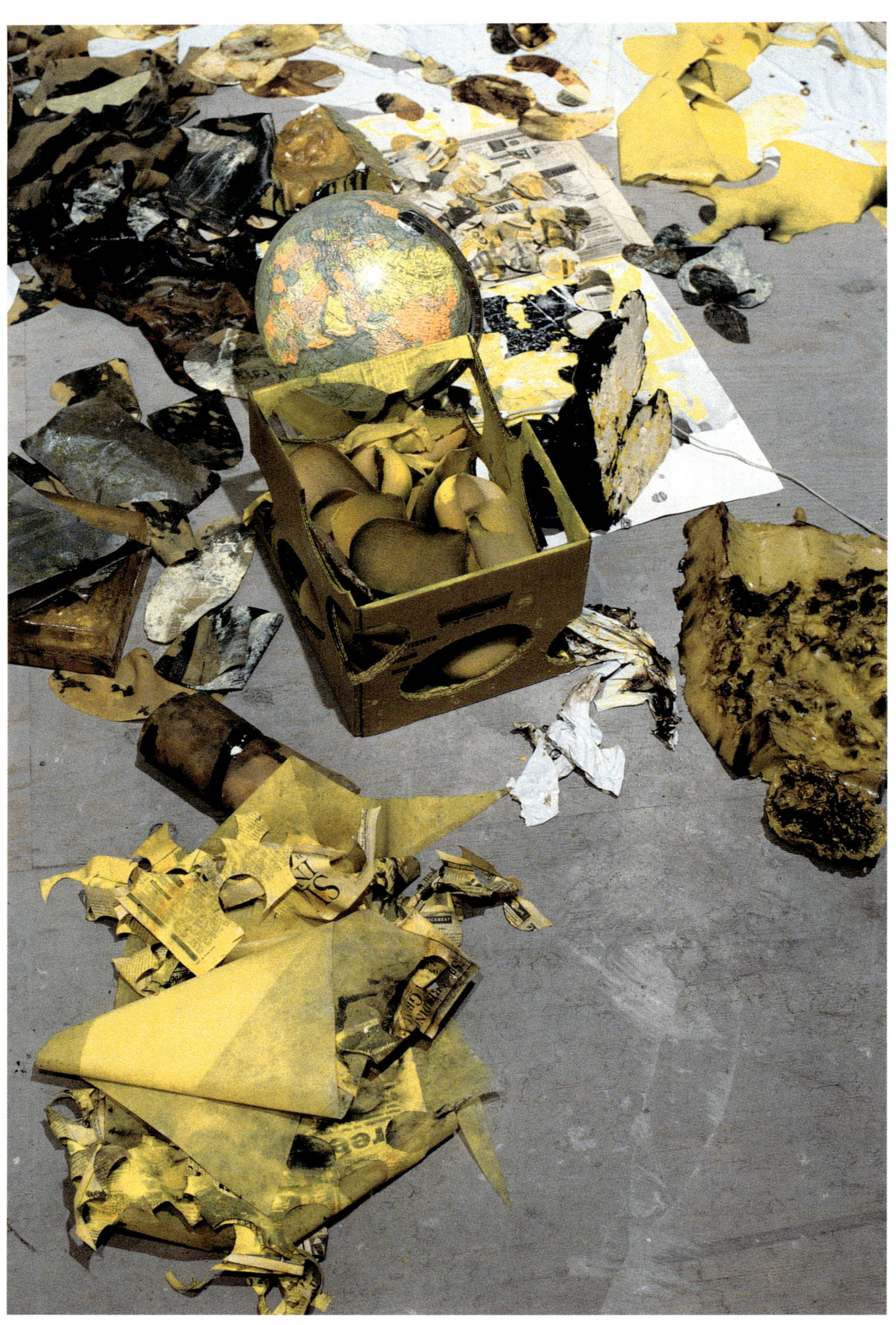

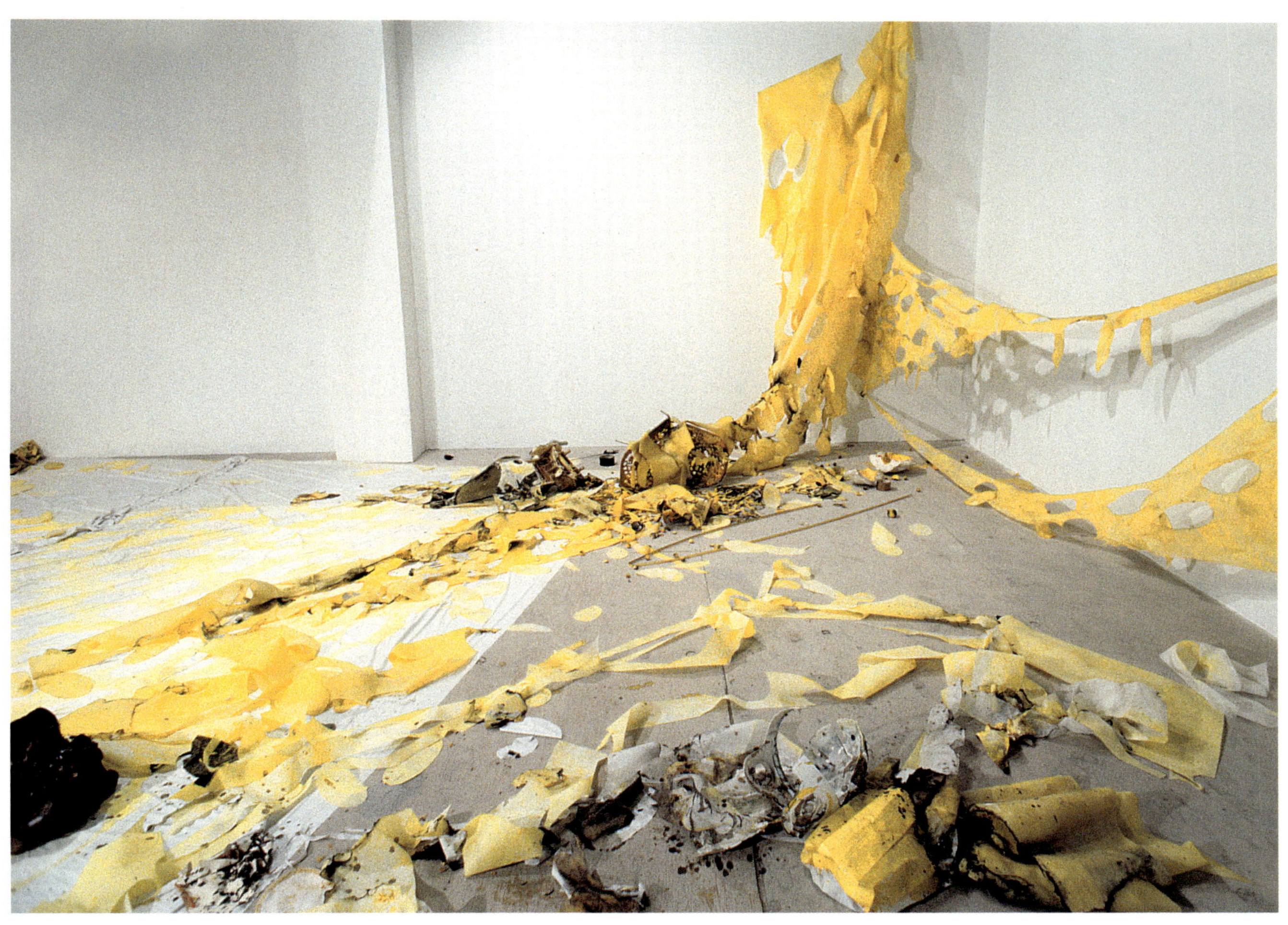

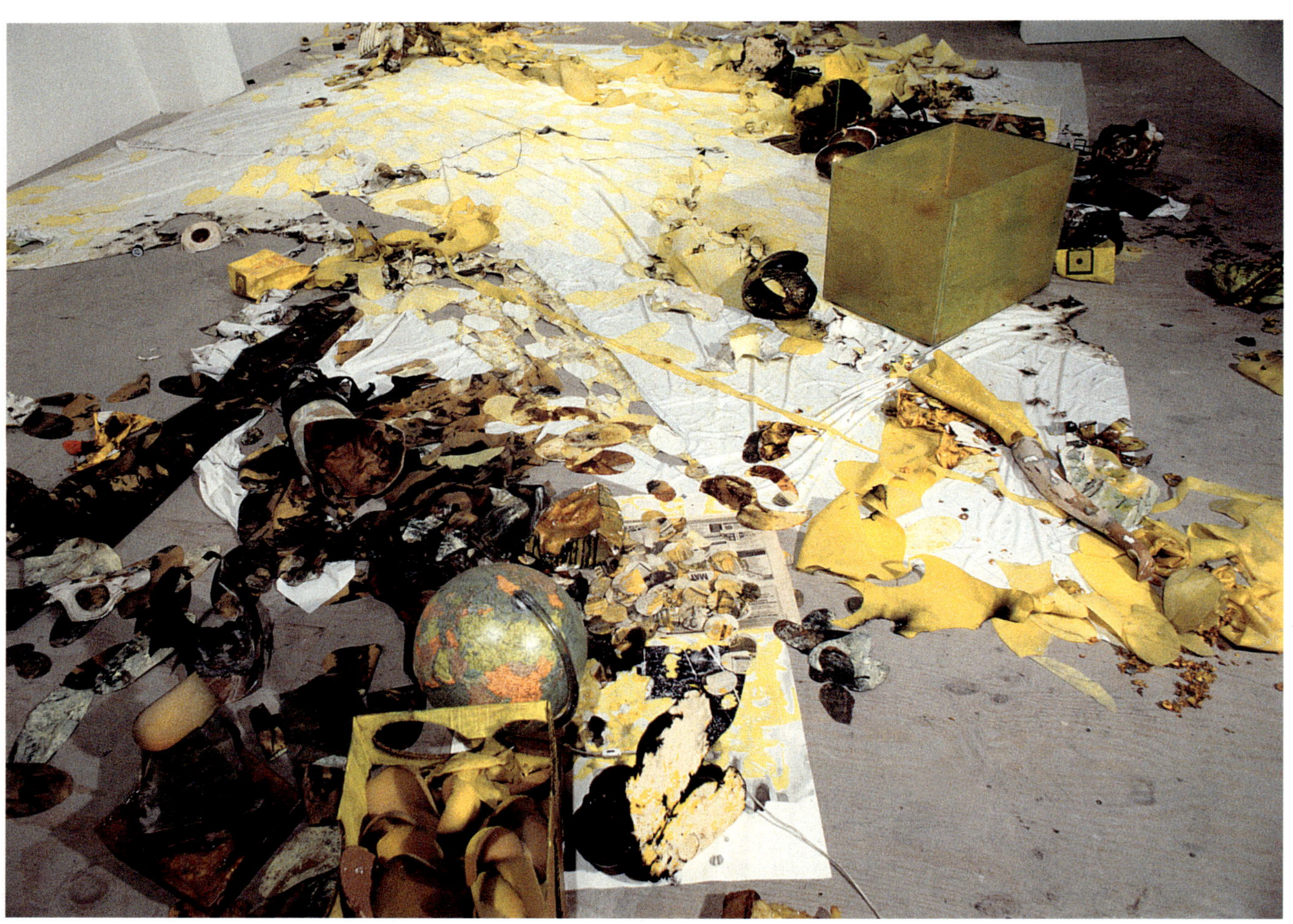

Aidas Bareikis

1967
Born in Vilnius, Lithuania

Education

1992
Art Academy, Vilnius, BFA

1997
Hunter College, NYC, MFA

Awards

1993–97
Fulbright Scholarship

1993/94
Lithuanian Government Scholarship

1993
Soros Foundation Grant
New York Lithuanian Foundation
Grant
Chicago Lithuanian Grant

Solo Exhibitions

2003
Leo Koenig Inc., New York

Zacheta Center for Contemporary
Art, Warsaw, Poland

2002
"Glad to Hear from You," Center
for Contemporary Art, Vilnius,
Lithuania

2001
"Silence Before the Curve," Leo
Koenig Inc., New York

2000
Aidas Bareikis, Center for Contem-
porary Art, Berlin, Germany

1999
Leo Koenig Inc., New York

Selected Group Exhibitions

2002
Leo Koenig Las Vegas, Neonopolis,
Las Vegas, NV

2001
Galerie Eleni Koroneou, Athens
"Crossing the Line," Queens
Museum, New York

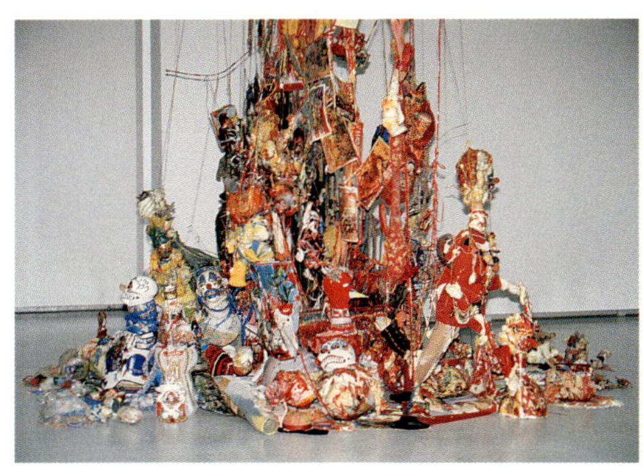

"Come on Feel the Noise," Asbæk Gallerie, Copenhagen, Denmark
"Escape Velocity," Miller Durazo Gallery, Los Angeles

2000
"Greater New York," P.S.1 Contemporary Art Center / MoMA, Long Island City, New York

1999
"Generation Z," P.S.1 Contemporary Art Center, New York, curated by Alana Heiss, Barbara van der Linden and Klaus Biesenbach
"The Leo Koenig Project," John Weber Gallery, New York
"Machine Gun Etiquette," curated by Elizabeth Balogh, Spencer Brownstone Gallery, New York

"US Exchange," Nova Scotia School of Art & Design, Halifax, Canada

1998
"After Painting," Center for Contemporary Art, Vilnius, Lithuania (catalogue available)

1996
SoHo Annual, New York, curated by Michael Brensom, Susan Hort, Robert Storr and Simon Watson
Update, Turbinehallerne, Copenhagen, Denmark

1995
3rd Exhibition of the Soros Center for Contemporary Arts, Lithuania
Spring Gallery, New York

Bibliography

2003
Mediodia, Thomas, "Aidas Bareikis," *Grand Street 71*, Danger, pp. 56–61

2002
Kreivyte, Laima, "Ar gali Lietuvoje nupirkti Bareiki?", *Verslo Žinios*, July 17

Levin, Kim, "Aidas Bareikis", Art Downtown, *The Village Voice*, No. 25, June 26
Johnson, Ken, "Aidas Bareikis", Art in Review, *The New York Times*, July 6
Mahoney, Robert, "Aidas Bareikis Silence Before the Fall," Art Reviews, *Time Out NY*, July 12, p. 80
Plachy, Sylvia, "Aidas Bareikis," *The New Yorker*, July 9, p. 15
Johnson, Ken, "Aidas Bareikis Silence Before the Fall," Art in Review, *The New York Times*, June 29, p. E31
Kunčius, Herkus, "Nelinksmos Babilono Sodo Dienos," *Kulturos Barai* 4, pp. 64–65
Waldherr, Gerhard, "Prinz König," *German Vogue*, April, pp. 117–118

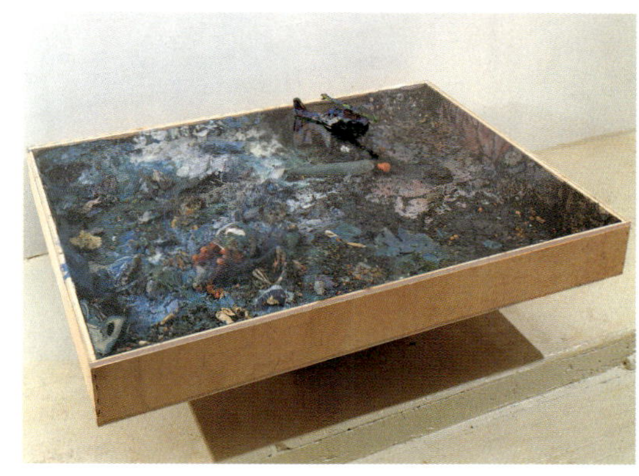

Mikšioniene, Rūta, "Instaliacija koridoriuje – raktas į elito pasaulį," *Lietuvos Rytas*, July 9
Nakiéne, Austé, "Isįbégéjau, Atsilpléšiau Nuo Žemés Ir Pakilau," Summer, pp. 47–48
Januškevičiūté, Virginija, "Sugydytos atliekos," *7 Meno Dienos*, June 28, p. 8
"Aidas Bareikis apie šiuolaikinio meno rinką Amerikoje ir Lietuvoje," *OMNI*, June 20, www.omni.lt
Nakiene, "Kaip iš putų sukurti objektą," *Siaurés Aténai*, June 8, p. 3
Pakalkiene, Rasa, "Lietuvis Niujorko Katile," *Žmonés, Gegužés* 18, p. 20

2001
"Aidas Bareikis," Reviews: *Artext*, No. 75, Nov. – Jan. 2002

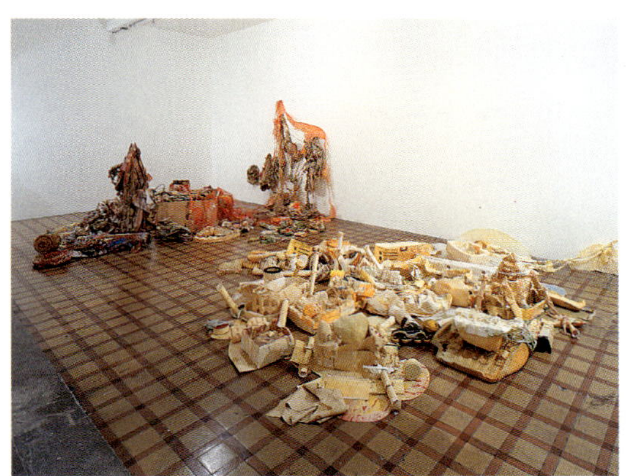

Rigney, Robert, "Confessions of
an Art Freak," *ArtNews*, March,
pp. 100–102

2000
Wendenburg, Christina, "Auf der
Durchreise heimisch werden,"
*Berliner Allgemeine, Berliner
Morgenpost*, June 4
"Todes-Geschichten," *Süddeutsche
Zeitung*, München, March 28
Daniels, Corinna, "Fanatische Samm-
ler am Rande des Tabubruchs,"
Die Welt, April 26
Reichensperger, Petra, "Im Waren-
korb der Wüste," *Der Tagesspiegel*,
April 18
KBM, "Grenzen übertreten," *Berlin
Magazin*

1999
Rattemeyer, Christian, "504-
New York Passage," *Blitz Review*,
April 14
Princenthal, Nancy, "Generation Z:
Slacker than Thou," *Art in America*,
October
Labelle, Charles, "Generation Z,"
Frieze, Issue 48, Sept./Oct.

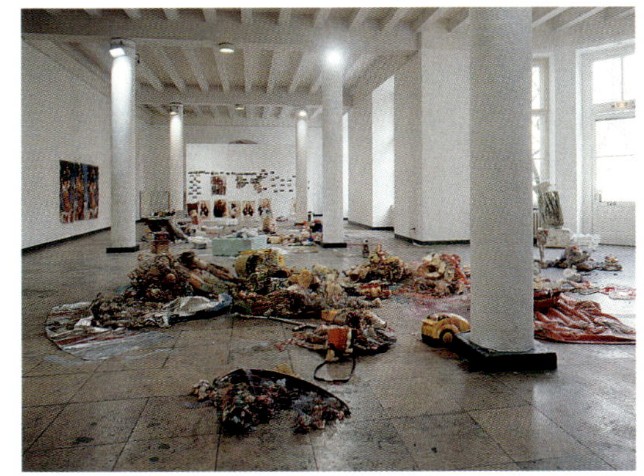

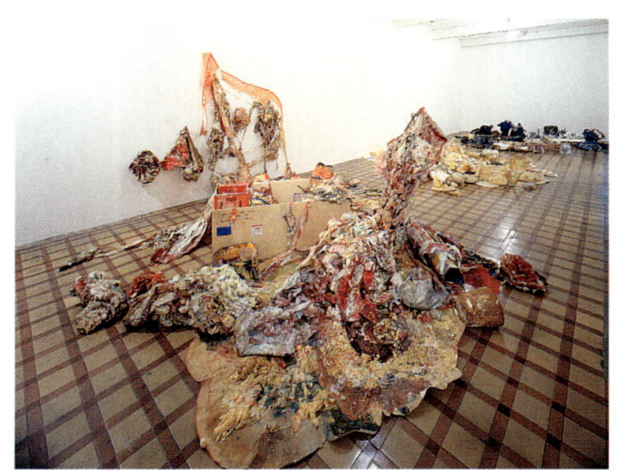

Müller, Markus, "Gespräche mit
Ausstellungsmachern, eine Art
Guerrilla Kunst-Verwaltung,"
Kunstforum International
Aster, Paul, "Brooklyn Spice,"
Artnet.com, May 26